www.ingramcontent.com/pod-product-compliance
Lightning Source LLC
LaVergne TN
LVHW050615200726
843508LV00010B/1875

آہنگِ غزل

(مجموعہ کلام)

مصنف:

پورن سنگھ ہنرؔ

© Taemeer Publications LLC

Aahang-e-Ghazal *(Poetry)*

by: Puran Singh Hunar

Edition: July '2023

Publisher & Printer:

Taemeer Publications LLC (Michigan, USA / Hyderabad, India)

ISBN 978-93-5872-072-3

© تعمیر پبلی کیشنز

کتاب	:	آہنگِ غزل
مصنف	:	پورن سنگھ ہنرؔ
صنف	:	شاعری
ناشر	:	تعمیر پبلی کیشنز (حیدرآباد، انڈیا)
زیرِ اہتمام	:	تعمیر ویب ڈیولپمنٹ، حیدرآباد
سالِ اشاعت	:	سنہ ۲۰۲۳ء
تعداد	:	(پرنٹ آن ڈیمانڈ)
طابع	:	تعمیر پبلی کیشنز، حیدرآباد –۲۴
صفحات	:	۱۰۲
سرِ ورق ڈیزائن	:	تعمیر ویب ڈیزائن

اِنتساب!

آنریبل پنڈت امرناتھ صاحب ودیاالنکار
وزیر تعلیم پنجاب کے نام

بقول حافظ

مسلم از تو با کرامت و عقل از تو با فروغ
در چشمِ فضل نوری و در جسمِ ملک جاں

احقر:-   پورن سنگھ ہنر

درین زمانہ رفیقے کہ خالی از خلل است
صراحئ مئے ناب و سفینۂ غزل است

حافظ

دُعائیہ

علامہ ڈاکٹر منوہر سہائے صاحب انور۔ پی۔ ایچ۔ ڈی

مجھ سے سردار پورن سنگھ ہنر کا تعلق ۱۹۲۱ء سے چلا آتا ہے۔ اِس طویل مدت میں اُن کی عقیدت اور میری محبت کہیں سے کہیں پہنچ گئی ٭

ہنر میرے شاگرد ہیں، اِس لیے اُن کی شاعری کے رنگ و آہنگ کی تعریف میں میرا کچھ کہنا مناسب نہ ہوگا۔ جناب مرزا احسان احمد، جناب جوش ملیح آبادی اور جناب محروم، جو میری طرح خاموش رہنے پر مجبور نہیں، اِس باب میں اظہارِ خیالات کر چکے ہیں ٭

یوں ہنر کی شعر گوئی کے ابتدائی دس سال تک اُن کا کلام روزانہ اخبارات میں شائع کرتا رہا۔ وہ ماہ نامہ 'چمن' کے ایڈیٹر کی حیثیت سے اور زیادہ مشہور ہو گئے۔ آج کل اُن کا کلام رسالوں اور اخباروں میں شائع ہونے کے علاوہ ریڈیو سیٹیشن سے بھی نشر ہوتا ہے اور وہ خوب جانے پہچانے شاعروں میں شمار ہوتے ہیں۔ مجھے یقین ہے کہ اُن کے مجموعۂ کلام کی اشاعت سے اُن کی شہرت کو اور بھی چار چاند لگ جائیں گے ٭

میری دُعا ہے کہ خداوندِ کریم اُن کے مجموعۂ کلام کو قبولِ عام کا اشرف عطا فرمائے ٭

۵۳ پٹیل نگر ایسٹ نئی دہلی

منوہر سہائے انور

یکم اکتوبر ۱۹۵۹ء

ٮؔ ڈاکٹر صاحب نے لفظ 'عزیز' تحریر فرمایا تھا۔ میں نے غیر مبہم اظہارِ حقیقت کے لیے تبدیل کرکے لفظ 'شاگرد' لکھ دیا ہے۔ ہنر

اِبتدائیہ

ابوالفصاحت جوش ملسیانی صاحب

عزیز القدر شری پورن سنگھ مِہرامرت سری کی زندگی آغازِ شباب سے اب تک ادبی مشاغل ہی میں گزری ہے۔ وہ رسالہ جن کھتری بتیشی لاہور، سینما سنسار گُنڈان امرتسر اور نیرنگِ خیال لاہور میں بھی ادبی کارکُن کی حیثیت میں کام کرتے رہے ہیں۔

فنی ہدایات پر عمل کرنے میں بھی میں ہمیشہ ان کی طرف سے مطمئن رہا ہُوں۔ مجھے اِس بات سے مسرت ہے کہ وہ اپنا کچھ مجموعۂ کلام کتابی شکل میں منظرِ اشاعت پر لا رہے ہیں۔ ان کی مشقِ سخن کافی اچھی کہی جا سکتی ہے۔ پنجاب کے اردو مشاعروں میں جن میں سرکاری مشاعرے بھی شامل ہیں انہیں عموماً بلایا جاتا ہے۔ ان مشاعروں میں بھی وہ کام یاب رہتے ہیں۔ تحت لفظ پڑھتے ہیں اور اچھا پڑھتے ہیں۔ عادات وخصائل کے لحاظ سے وہ بڑے خلیق، بڑے دوست نواز اور شاید ضرورت سے زیادہ حلیم الطبع ہیں۔ مذمت کی بات سن کر بھی خاموش رہتے ہیں۔ اگرچہ بعض اصحاب اس خاموشی کو ان کی کمزوری پر محمول کرتے ہیں۔ مگر حقیقت یہ اپنا اپنا اخلاقی اصول ہے۔ اِس اصول پر ثابت قدم رہنا ہر شخص کے بس کی بات نہیں۔ مجھے یقین ہے کہ ان کے مجموعۂ کلام کو جو زبان اور مضامین کے لحاظ سے بہت پاکیزہ اور بہت سنجیدہ ہے، قبولِ عام کا شرف حاصل ہو گا اور اہلِ نظر سے تحسین حاصل کرے گا۔

جوش ملسیانی

تعارف

حضرتِ جوش ۔ ملیح آبادی

مجھے اِس اطلاع سے بہت مسرت ہوئی ہے کہ جناب ہنر انوری اپنے کلام کا ایک مجموعہ شائع کر رہے ہیں ۔ ہنر صاحب اصولِ فن کی سختی سے پابندی کرتے ہیں ۔ زبان بھی صاف لکھتے ہیں ۔ ان کی غزلوں میں رواں اور اچھے اشعار کی تعداد کم نہیں ۔

آپ مدت دراز سے اُردو کی خدمت کرتے چلے آئے ہیں ۔ آج سے قریباً بیس برس پہلے آپ کی ادارت میں امرت سر سے ایک ادبی رسالہ "چمن" بڑی آب و تاب سے شائع ہوتا رہا ہے ۔

مجھے اُمید ہے آپ کا مجموعہ شعر و سخن قدر شناسوں سے داد پائے گا ۔ اس دور میں جب کہ اُردو قریب قریب کسی بے پرسی کے عالم میں ہے، کسی شاعر کے مجموعہ کا چھپ جانا ہی غنیمت ہے ۔

آپ کے مجموعہ کو اپنے ادبی محاسن کی وجہ سے مقبول ہونا چاہئے ۔

جوش ملیح آبادی

تقریظ

جناب پروفیسر تلوک چند صاحب مرحوم

۱۹۴۷ء کے انقلاب سے پہلے جناب پُورن سنگھ ہنر کا کلام اخبلروں اور رسالوں میں پڑھ کر لطف اندوز ہوتا رہا ہوں۔ آج اِنہوں نے اپنی بیاض مجھے دکھائی اور خوشخبری سُنائی کہ وہ اپنی غزلیاّت کا مجموعہ شائع کر رہے ہیں ۔

میں نے بیاض کو دیکھنا شروع کیا تو پہلی ہی غزل کے کئی اشعار نے دِل کو تڑپا دیا۔ جُوں جُوں آگے بڑھتا گیا۔ نیّرے تیز تیر و نشتر نظر آئے ۔ بے ساختہ پن، خلوص، صداقت، جدّتِ خیال، قُدرتِ بیاں کی بے شمار مثالیں نظر افروز ہُوئیں۔ اِس بیاض کا ہر صفحہ حُسنِ معانی کا وہ چمن پُر بہار ہے ۔ جس کی سیر سے قادرِ گفتار ناساں سخن کو رُوحانی اور ذہنی مسرت حاصل ہوگی ۔

تلوک چند مرحوم

میرا تاثر

علامہ عرشی امرت سری

اخبارات، رسائل، ریڈیو اور مشاعروں کے ذریعے بھارت کے علمی
ملتے سردار پورن سنگھ صاحب ہنر ہست کے نام، کلام اور ادبی مقام
سے واقف ہیں ۔ نہ صرف واقف بلکہ اُن کے فصیح و بلیغ اشعار کو
سننے کے شائق رہتے ہیں ۔ ایسے حالات میں میرا ان کے متعلق کچھ
کہنا پھولوں سے باغباں کا تعارف کرانے کے مترادف ہے ۔ مجھے
ذاتی طور پر اُن سے ربطِ تعلق کا شرف حاصل ہے اور ان کے
کلام سے لذت یاب ہونے کی مسرت بھی ۔ میرا ذاتی تاثر یہ ہے،
کہ جو جاذبیت اور شیرینی ان کے پاکیزہ اخلاق میں ہے ۔ وہی منتقل
ہو کر ان کے پاکیزہ کلام میں آ گئی ہے ۔ اِس لحاظ سے میں سمجھتا ہوں کہ
پیشِ نظر مجموعہ بڑی حد تک ان کی وارداتِ قلبی کا ترجمان ہے ۔
اللہ کرے زورِ قلم اور زیادہ !

دارالقرآن لاہور
۲۰ھ

عرشی

گونڈہ

حضرتِ جگر مُراد آبادی

آپ کی غزل نظر افروز و رُوح افزا ہوئی۔ مجھے خصوصیت کے ساتھ آپ کا یہ شعر بہت پسند آیا :۔

رہِ طلب میں کسی سے اُمید کیا رکھوں؟
ہوئے ہیں داغ ابھی خضر کی رفاقت کے

عجب کیفیت کا شعر ہے، جزاک اللہ! اور یہ شعر بھی خوب کہا ہے :۔

پہنچ گیا ہوں اب اس منزلِ توازن پر
جہاں مقام برابر ہیں رنج و راحت کے

غلط یقیں دلانے سے فائدہ، ساقی!
ملیں گے جام وُہی جو ہیں میری قسمت کے
سبحان اللہ

نہیں تقدّس دَیر و حرَم بھی اب محفوظ
تری نگاہ میں انداز ہیں قیامت کے
سبحان اللہ

جگر

جگن ناتھ آزاد ۔ ۴؍دسمبر ۱۹۵۸ء

جناب پورن سنگھ ہنر کے شاعرانہ کمال کا میں ایک مدت سے معترف ہوں۔ مجھے یہ جان کر مسرت ہوئی ہے کہ ان کا مجموعۂ کلام شائع ہو رہا ہے۔ توقع ہے کہ اہلِ وطن اس مجموعۂ کلام کی قدر کریں گے۔

عرش ملسیانی ۔ ۴؍دسمبر ۱۹۵۸ء

ہنر صاحب کا کلام بے عیب تو ہوتا ہی ہے لیکن اس میں اجزائے شعریت بھی بہت ہوتے ہیں۔ میں تو ان کے کلام کا ربع صدی سے مداح ہوں۔

ساحر ہوشیارپوری ۔ ۴؍دسمبر ۱۹۵۸ء

جناب ہنر بڑے بھائی ہیں یا چھوٹے، اس کا فیصلہ میں نہیں کر سکتا۔ ان کا کلام پڑھئے اور دیکھئے کہ ان کے اشعار میں ندرت، فصاحت، جدت اور 'سحر' کا ایک خزانہ موجود ہے۔ اس لحاظ سے وہ میرے ایسے بھائی ہیں جن پر میں جس قدر فخر کروں کم ہے۔

بسمل سعیدی ۔ ۴؍دسمبر ۱۹۵۸ء

حضرت پورن سنگھ ہنر سے اکثر مشاعروں میں ملنے، قریب سے دیکھنے اور سننے کا اتفاق ہوا ہے۔ آپ کی خدمات شعر و ادب کو اکابرِ ملک نے قابلِ ستائش کہا ہے۔ جہاں تک میری ذات کا تعلق ہے میں اپنی پوری ذمہ داری کے ساتھ کہہ سکتا ہوں کہ ہنر صاحب کی شاعری اردو زبان کا قابلِ قدر سرمایہ ہے۔

یہی سمجھا اگر سمجھا، یہی جانا اگر جانا

ترے جلوے کہ ہم نے اپنا ہی حسنِ نظر جانا

ہمارا اب ترے لیے رشکِ سیما یہ عقیدہ ہے

کہ مر جانا ہے جی اٹھنا تو جی اٹھنا ہی مر جانا

خدا ہی جانتا ہے مصلحت کیا اس میں پنہاں تھی

سفینے کو ڈبو کر ناخدا کا پار اتر جانا

کبھی ہم پا شکستہ ہو کے بیٹھے تیرے کوچے میں

کبھی مہرو مہ و انجم کو اپنا ہم سفر جانا

اترنے میں ہمارے درمیاں بس فرق اتنا ہی

ہر اِک دل سے ”اتر جانا“ ترا ”دل میں“ اتر جانا

یہی ہے ہاں یہی معراجِ عشقِ بے محابا کی

نشیبِ خاک سے اٹھ کر فرازِ دار پر جانا

ہماری زندگی کی لے ہنر اب مدعا نہیں اُن کو

وہ کہتے ہیں کہ اب فنا بجو ما شق کا مر جانا

مجھے کیوں اُنس ہے دار و رسن سے
یہ پوچھو اپنے ماتھے کی شکن سے

چلیں وہ آندھیاں فصلِ خزاں میں؟
بیاباں کو بھی وحشت ہے چمن سے

سکونِ دل بھی رخصت چاہتا ہے
گیا یہ کون اُٹھ کر انجمن سے؟

بہت بالا ہیں اسرارِ حقیقت
خیالِ شیخ و فہم برہمن سے

چھپاؤں تا کجا سوزِ دروں کو؟
نکلتے ہیں شرر ہر سوختہ تن سے

چمن والوں یہ جو گزری خزاں میں
عیاں ہے لالہ خونیں کفن سے

ڈوبی میرا چمن ہے ... میں جہاں تھوں
نکل کر بھی نہیں نکلا چمن سے

ہزاروں حسرتیں دَم سازِ دل ہیں
مری خلوت ہے بڑھ کر انجمن سے

مری رُودادِ دل سُن کر کچھ تو بولو
سخن سرسبز ہونا ہے سخن سے

عجوبہ ہے سرشتِ زخمِ دل بھی
اسے تسکین ہوتی ہے جلن سے

نہ ناحہ آشیاں جل جائے۔ پھر بھی
اگر بجلی اُسے ہٹ کر چمن سے

سراپا نغمہ پرکیف ہو کر
چلا آتا ہوں اُس کی انجمن سے

ہنر! اس میں قیامت کا فسوں ہے
خبردار! اُن کی چشمِ پُر فتن سے!

ہم تُم ہیں اور رات عجیب اتّفاق ہے
رقصاں ہے کائنات عجیب اتّفاق ہے

میں مُستحق نہ تھا کرم بے حساب کا
مجھ پر یہ التفات! عجیب اتّفاق ہے

ہے اعتبار مجھ کو بھی تیرے ثبات کا
لمحے حُسن بے ثبات! عجیب اتّفاق ہے

اُٹھتی مری طرف بھی تمہاری نگاہِ لُطف
تم اور التفات! عجیب اتّفاق ہے

ہر ذرّے کی نمود کو دعوٰے ثبات کا
ہر ذرّہ بے ثبات عجیب اتّفاق ہے

بخشی گئیں خطائیں ہنر کی بھی حشر میں
اِس رِند کو نجات! عجیب اتّفاق ہے

وارفتگیِ دل میں کمی آج بھی نہیں
وہ آ گئے ہیں اور مجھے آگہی نہیں!

مانوس ہو گیا ہوں مصائب سے اس قدر
اب خستگیِ دل سے بھی دل خستگی نہیں

عالَم فسردہ و زیرِ برق تجلّی سہی! مگر،
یہ کیا کہ اذنِ دید کبھی ہے کبھی نہیں

اس درجہ محوِ شوقِ ملاقات ہوں کہ اب
تیرے فراق کا مجھے احساس ہی نہیں

پھر ربط ہی ازل سے ابد تک کہاں رہا
کہتے ہیں جس کو موت اگر زندگی نہیں

دل ہو گیا ہے بزم میں اک پیکرِ سرُور
ہر چند ایک گوند ابھی میں نشہ ہی نہیں

بامِ عروج پر وہ پہنچنے نہ پائے گا
رازِ فتادگی سے جسے آگہی نہیں

کیا ہے سوائے ہرزہ سرائی وہ اے ہنر!
جس شاعری میں رُوح نہیں زندگی نہیں

زندگانی مَورِدِ آلام ہے
خوابِ راحت اِک خیالِ خام ہے

ہر عمل میں آپ ہیں مُختارِ کُل
میری مُختاری فقط الزام ہے

خط نہ آنے کی شکایت کیا کروں
اُن کی خاموشی بھی اک پیغام ہے

روز و شب میں سیمیا کی سی نمود
کیا طلسمِ گردشِ ایّام ہے

صحنِ گُلشن کو بنا ڈالا قفس
کوششِ ناکام کا یہ کام ہے

بزمِ عالَم لاکھ پُر رونق سہی
ایک دھوکا ہے خیالِ خام ہے

ہے وہاں مشکور ہر رحمتِ تری
میری ہر کوشش جہاں ناکام ہے

نامُرادی عشق کا آغاز تھی
نامُرادی عشق کا انجام ہے

صحنِ گُلشن میں کہاں وہ اے ہُنر!
گوشہ صحرا میں جو آرام ہے؟

رکھتا ہے دل کو مجمعۂ اینو آں سے دُور
رہ کر جہاں میں بھی ہے ہم جہاں سے دُور

میدانِ فکر ہے مرا حدِ جہاں سے دُور،
اُس آسماں پہ ہوں جو ہے اِس آسماں سی دُور

آہ و فغاں میں ربطِ عبارت نہ ڈھونڈئیے
شرحِ نیازِ عشق ہے لفظ و بیاں سے دُور

کوسوں نہیں ہے منزلِ مقصود کا پتا،
بیٹھا ہوں رہ گزر میں ترے آستاں سے دُور

دن رات ہم نوا تھے چمن میں جو ہم صفیر،
اب اُن کا آشیاں ہے مرے آشیاں سی دُور

لایا ہے شوقِ دید تری جلوہ گاہ میں،
ورنہ مقام تھا مرا ہفت آسماں سے دُور

کیا کیجئے خرابیٔ تقدیر کا گلہ !
اب کی بہار میں بھی رہے آشیاں سے دُور

رشکِ جناں ہے باغِ وطن آج کل ہنرؔ!
کوسوں مگر ہیں کشورِ ہندوستاں سے دُور

شری مہندر سنگھ کوثر ایم۔ اے۔ سفارت خانہ ہند ۔ کینیڈا۔

میرے آب و گِل میں خودْ فطرت اسیرِ دام ہے
قطرہ، قُلزم گیر ہے ذرّہ زمیں آساماں ہے

مرگ سے کیا کام؟ ہوں پروانۂ شمعِ ازل
زندگی آغاز میرا زندگی انجام ہے

ہے مقام اُس کا خرد سے فہم سے بالاترِیں
اُس کی خلوت تک رسائی اک خیالِ خام ہے

بُعد میں بھی قُرب ہی کا لُطف حاصل ہے ہمیں
دل میں اُس کی یاد بھی ہے لب پہ بھی نام ہے

عشق اُس کا لذّت افزا ہے بقدرِ اشتیاق
جام میں اُتنی ہی مے ہے جتنا ظرفِ جام ہے

اے ہنر ہر مصرعِ دلکش ترے اشعار کا
فکر کی کاوش نہیں الہام ہی الہام ہے

کبھی موجِ تخیّل جب دلِ ناشاد ہوتا ہے
جہاں کی حد سے باہر اِک جہاں آباد ہوتا ہے

جو زندانِ خودی کو توڑ کر آزاد ہوتا ہے
وہی معنیٰ شناسِ عالَم ایجاد ہوتا ہے

ہمارا آشیاں بھی عالَمِ بیم و رجا ٹھہرا
کبھی آباد ہوتا ہے کبھی برباد ہوتا ہے

اسیروں میں فقط اِک میں ہوں جو شاکی نہیں اُس کا
چمن میں ورنہ ہر سو شکوۂ صیّاد ہوتا ہے

کبھی ناشادمانی کو نہ بدلوں شادمانی سے
مرے ناشاد رہنے سے اگر وہ شاد ہوتا ہے

تمہارے ظاہر و باطن میں کتنا فرق ہے واعظ!
عمل کیا کہہ رہے ہیں منہ سے کیا ارشاد ہوتا ہے

بہار آئے خزاں آئے تو اِس کے دونوں برابر ہیں
دلِ بلبل ہمیشہ مائلِ فریاد ہوتا ہے

مرے اشعار کیوں تڑپا نہ دیں اربابِ محفل کو؟
مرا نغمہ بھی میرے دل کی اِک فریاد ہوتا ہے

ہنرؔ رنگیں فسانہ عہدِ آشوبِ جوانی کا
نہیں ہے اِک کبھی کو یاد سب کو یاد ہوتا ہے

فقط ظلمت کدہ ہیں کعبہ و بُت خانہ برسوں سے
کہاں غائب ہے تُو اے جلوۂ جانانہ برسوں سے

مرے ہاتھوں میں ہے اے شیخ لیجیے پیمانہ برسوں سے
مرا دل ہے چراغِ محفلِ رندانہ برسوں سے

تمہارے حُسن نے تو عشق کی دُنیا بدل ڈالی
نہیں دیکھا طوافِ شمع میں پروانہ برسوں سے

فقط اک نجد ہی مُضطر نہیں ہے یادِ مجنوں میں
مجھے بھی یاد کرتا ہے مرا ویرانہ برسوں سے

بہت دیرینہ ہے قصّہ مری صحرا نوردی کا
مرے قابو سے باہر ہے دلِ دیوانہ برسوں سے

خُدا جانے مآلِ سجدہ ہاۓ عشق کیا ہوگا
جبیں فرسُود ہے سنگِ درِ جانانہ برسوں سے

گوارا ہے اگر ساقی امرا اندازِ مۓ نوشی ،
تو پھر کیوں بند ہے مجھ پر درِ میخانہ برسوں سے

گزرتی تھی بڑے آرام سے لاہور میں لیکن
میسّر آب ہے امرِت سرکا آب و دانہ برسوں سے

کوئی بزمِ ادب میری ستائش سے نہیں خالی
ہنر سب کی زباں پر ہے مرا افسانہ برسوں سے

ملتا نہیں سکوں کسی عنواں جرے بغیر
پھرتا ہوں دشت دشت پریشاں ترے بغیر

کچھ بن پڑی نہ چارہ گروں سے دمِ فراق
داغِ جگر ہے اور نمایاں ترے بغیر

ہنگامہٴ بہار میں ہے جوشِ پر جنوں
رہتا ہے تار تار گریباں ترے بغیر

گو چارہ گر کو ناز ہے اپنے کمال پر
مشکل ہے پھر بھی دردِ کا درماں ترے بغیر

تدبیرِ زیست کوئی کرے بھی تو کیا کرے؟
چاروں طرف ہیں موت کے ساماں ترے بغیر

ممکن نہیں ہے سوزِ دروں کا مقابلہ
کٹ نہ جائے گی شبِ ہجراں ترے بغیر

پھر تو نے آ کے چھیڑ دیا سازِ نو بہار
بے کیف تھی فضائے گلستاں ترے بغیر

اے کاش کوئی تجھ کو ہنر کا پیام دے
ہونے لگا ہے جان کا نقصاں ترے بغیر

تنوّعِ حالِ دل میں اے ستم ایجاد رہنے دے
کبھی برباد ہونے دے، کبھی آباد رہنے دے

نہ ہو ہنگامہ آرا نالہ و فریاد رہنے دے
خدا را! شاد اُن کو اے دلِ ناشاد رہنے دے

یہی دو چار لمحے زندگانی کے غنیمت ہیں
مجھے محوِ بہارِ باغ اے صیّاد رہنے دے

جُلا دے دل سے ساری داستانیں عہدِ ماضی کی
فقط اک سرفروشانِ وطن کی یاد رہنے دے

زوال کبھ امتیازِ رنج و راحت ہے محبت میں
یہی تیری خوشی ہے تو مجھے برباد رہنے دے

بہارِ بے خزاں پیدا کروں نغماتِ رنگیں سے
اگر صیّاد مجھ کو باغ میں آباد رہنے دے

کرم بعدِ ستم بھی ایک تمہیدِ ستم ہوگا
عنایت ہے تو بس یہ ہے مجھے ناشاد رہنے دے

قفس کی تیلیوں میں آگ لگ جانے کو ہے اے دل!
کوئی دم اور جاری نالہ و فریاد رہنے دے

زمانے نے مذاقِ شاعری یک سر بدل ڈالا
ہنر! اب تُو بھی ذکرِ شیون و فریاد رہنے دے

مقامِ لامکاں ہے اور میں ہُوں
نشاطِ جاوداں ہے اور میں ہُوں

قفس کی زندگی ہے اور دل ہے
دلِ ناشاد ماں ہے اور میں ہُوں

نہ کیوں رنگین ہو افسانۂ عشق؟
حدیثِ خوں چکاں ہی اور میں ہُوں

فراغِ زندگی حاصل ہو کیوں کہ
غم سُودو زیاں ہے اور میں ہُوں

جبیں سائی کا سَودا ہو گیا ہے
وہ سنگِ آستاں ہے اور میں ہُوں

نہ پوچھو بے کسی شکلِ الم کی!
مرا سُونا مکاں ہے اور میں ہُوں

مری آزادیوں کا پوچھنا کیا!
فضائے بیکراں ہے اور میں ہُوں

یہاں سے اب تو مر کے ہی اُٹھوں گا
تمھارا آستاں ہے اور سیں ہُوں

ہنرؔ یادِ چمن ہر دم ہے دل میں
خیالِ آشیاں ہے اور میں ہُوں

بے اصل سمجھ سب کو، ظاہر ہے کہ پنہاں ہے
　　ہستی جسے کہتے ہیں اِک خواب پریشاں ہے

ایک ایک نظر اُن کی صد حشر بہ داماں ہے
　　اسے جانِ حزیں! تیرا اللہ نگہباں ہے

طوفانِ تجلّی سے ہر آنکھ ہوئی خیرہ
　　ہر ذرّہ تجسّم میں آئینہؑ حیراں ہے

باہر ہے تعیّن سے پرواز تخیّل کی،
　　دنیا مری نظروں میں اِک گوشہؑ زنداں ہے

ہر سانس سے پیدا ہے اِک نغمہؑ لاہوتی،
　　مضرابِ ربابِ دل ہر تارِ رگِ جاں ہے

غنچہؑ نظری کب تک؟ وا چشمِ حقیقت کر!
　　ہر قطرہ ہے اِک دریا، ہر ذرّہ بیاباں ہے

ظاہر بھی مکمّل ہے باطن کی طرح اب تو
　　دل چاک تھا پہلے ہی اب چاک گریباں ہے

کیوں اُس سے کیا شکوہؑ، اندازِ تغافل کا؟
　　کچھ ہم بھی ہیں شرمندہ، کچھ وہ بھی پشیماں ہے

ہستی کی رعایت بھی واجب ہے ہنرِ تم کو
　　یہ گریہؑ خونیں ہے یا موت کا ساماں ہے؟

نہ چھوڑی انتہا نے رنج و غم میں بھی خوشی ہم نے
وفا کے عشق سے سیکھا یہ رازِ زندگی ہم نے

نہیں کچھ مشربِ رندی میں فرق اپنے پرائے کا
نبھائی ہی دشمنوں سے بھی ہمیشہ دوستی ہم نے

فلک پر جس سے خورشید و مہ و انجم درخشاں ہیں
وہی دیکھی ہے خلوتگاہِ دل میں روشنی ہم نے

تھکے ہم پائے ساقی پر تو اُس کو مہرباں پایا
سکھایا شیشۂ مے کو نیازِ مے کشی ہم نے

نکل کر دیکھ کچھ سرحدِ تعیّن سے ذرا زاہد!
کہ ہم سنگِ خداوندی بنا دی بندگی ہم نے

ہمارے چارہ گر نے حال جب تفصیل سے پوچھا
کسی کا نام لے کر زیرِ لب اِک آہ کی ہم نے

شکایت کا محل کیا اِس میں ہم تو یہ سمجھتے ہیں
جو کہنی لگی کہی اُس نے، جو سننی تھی سُنی ہم نے

محبت اک مصیبت بن کبھی سے، کاش! اے ہم دم!
نہ کی ہوتی کسی بے داد گر سے دوستی ہم نے

ہنرؔ وہ جس عیب کی پڑ جائے عادت چھٹ نہیں سکتی
نہ چھوڑا قصد کرنے پر بھی شغلِ شاعری ہم نے

یہ تیری داستاں ہے یا کوئی چیستاں ہے؟
ظاہر ہے تو نہاں میں، ظاہر میں تو نہاں ہے

حُسنِ خیال ہی نے یہ معجزہ دکھایا
کنجِ قفس بھی مجھ کو اب رشکِ آشیاں ہے

جلووں کی آرزو بھی سجدوں کو نذر کر دی
اب یا مری جبیں ہے یا تیرا آستاں ہے

یہ کیف بے خودی ہے یا میری بے حواسی
منزل سے پوچھتا ہوں، منزل مری کہاں ہے

کیوں آشیاں کے تنکے جلنے لگے؟ الٰہی!
صیّاد کی نظر بھی کیا برق آشیاں ہے

اب ہے وفا میں لازم خاص اہتمام اے دل!
بے التفاتیوں سے مقصودِ امتحاں ہے

اُڑتی ہے جس فضا میں فکرِ بلند میری
زیرِ فلک نہیں ہے بالائے آسماں ہے

بانگِ جرس تو آئی محل نظر نہ آیا
یہ کارواں ہے یا رب! یا گردِ کارواں ہے؟

واؤِ سخن ملے گی روح القدس سے ہم کو
دنیا میں لے کے نکلا اب کون اپنا ہم زباں ہے؟

جلوہ بہ حسن اگر اور نمایاں ہو جائے
آئینہ خانہ بھی اک دیدہ حیراں ہو جائے

نہیں منظور مجھے ذوقِ وفا کی تسکین
قید ہے وہ اپنی جفا سے نہ پشیماں ہو جائے

میری آنکھوں کو ہے اُس برقِ تجلّی کی تلاش
اپنے جلوؤں ہی کے پردے میں جو پنہاں ہو جائے

ہاں سرِ شک رہ گُزر گُلاں کو سمجھنا نہ حقیر!
یہ وہ قطرہ ہے جو بڑھ جائے تو طوفاں بن جائے

عالمِ عشق سے حاصل ہے نہ جانے کو وجود
یہ اگر کم ہو تو کم عالمِ امکاں ہو جائے

ہوں وہ درماندہ کہ منزل پہ نہ پہنچوں گا کبھی
خود ہی آ جائے تو منزل کا یہ احساں ہو جائے

اُس بلندی پہ ہے پرواز ہماری جس تک
سعئی پرواز میں ہر پرِ افشاں ہو جائے

اُس کمان دار کے تیروں کو شرف ہی کیا نہ ملے
دل میں رہ جائے جو پیکاں تو رگِ جاں ہو جائے

کیوں میرا دل ہو موت کا خواہاں کبھی کبھی
کرتے رہو جو پرسشِ پنہاں کبھی کبھی

کنجِ تنفس بہشتِ فراغت سہی! مگر
تڑپا گئی ہے یادِ گلستاں کبھی کبھی

پاتا ہوں گاہ گاہ تغافل میں التفات
دیتا ہے فائدہ مجھے نقصاں کبھی کبھی

تجھ کو خبر بھی ہے کہ ترے درکے آس پاس
پھرتا ہے کوئی چاک گریباں کبھی کبھی

تدبیر کے بغیر بھی دل جاتی ہے مراد
ہوتا ہے خود بخود ہی یہ ساماں کبھی کبھی

کیوں مسلمِ خیال کو جاؤں میں چھوڑ کر
دیکھا ہے اس میں جلوۂ جاناں کبھی کبھی

میری ہنسی کو خندۂ شادی نہ جانئے!
ہنستا ہے اپنے حال پر انساں کبھی کبھی

چاہو اگر فلاحِ دو عالم تو اے ہنر!
لیتے رہو دعائے بزرگاں کبھی کبھی!

مل گیا یہ حسرتِ دیدار کا حاصل مجھے
ایک ہی تیری نظر نے کر دیا بسمل مجھے

المدد! اے اشتیاقِ رہ نوردی! المدد
روکتا ہے پھر خیالِ دُوریِ منزل مجھے

احتیاجِ رہنما کیا رہ نوردِ عشق کو؟
لے گیا منزل پہ خود ہی جادۂ منزل مجھے

مل گئی ہر نعمتِ دنیا تو ہے کس کام کی؟
اِک سکونِ قلب اگر ہوتا نہیں حاصل مجھے

دُور ہے باغِ وطن تو دشتِ غربت ہی سہی
بیٹھنے بھی دے کہیں اے اضطرابِ دل! مجھے

جلوۂ محفل نشیں کی تاب ہی مجھ میں نہ تھی
مانعِ دیدار کب تھا پردۂ محمل مجھے

شکر ہے لغزش نہ آئی پائے استقلال میں
مانتے ہیں اب وہ دردِ عشق کے قابل مجھے

عزمِ راسخ نے بہت آسان کر دیں مشکلیں
اب کوئی مشکل نظر آتی نہیں مشکل مجھے

نافذ! ما یوس، شبِ تاریک طوفاں زور پر
اب خدا ہی ہے جو پہنچائے سرِ ساحل مجھے

وعدۂ لطف و کرم تو بارہا ہو کر رہ گیا
کیا کہوں کم ظرف دل ارادہ کر معتمد رہ گیا

ہر قدم پہ مشکلیں اتنی ہیں راہِ عشق میں
خضر بھی دو چار منزل سائۃ چل کر رہ گیا

مجھ سے برگشتہ ہے اے ساقی! مری تقدیر بھی
میری باری آتے آتے دورِ ساغر رہ گیا

اک جھلک اپنی دکھا کر تم تو پنہاں ہو گئے
کیا خبر تم کو کہ کوئی دل پکڑ کر رہ گیا؟

جو مٹاتا ہے کسی کو خود بھی مٹ جاتا ہے وہ
مٹ گیا دارا تو کیا باقی سکندر رہ گیا؟

وہ تمھارا تیر ہو یا وہ تمھاری یاد ہو،
دل میں جو آیا بس اپنا گھر سمجھ کر رہ گیا

لُوٹ لی اُلفت نے جتنی تھی مثالِ زندگی
آہ دل پر رہ گئی یا داغ دل پر رہ گیا

دولتِ علم و ہنر وہ ہے نہیں جس کو نوال
اے ہنر! جو بے ہنر نکلا وہ بے زر رہ گیا

چمک اُٹھتے ہیں دلِ کے داغ اُن کے رُوئے روشن سے
چراغ اس گھر کے جلتے ہیں ہمیشہ برقِ ایمن سے

قفس میں دل کو بہلاتا تھا مَیں یادِ نشیمن سے
الٰہی خیر! یہ کیسا دُھواں اُٹھتا ہے گلُشن سے

شرارے آتشِ اُلفت کے ہیں ایک ایک قطرے میں
غضب کرتے ہو آنسُو پُونچھتے ہو اپنے دامن سے؟

جنوں میں ہیچ سامانی کا طعنہ تو نہ دو مجھ کو!
بندھے ہیں سیکڑوں گلشن مرے صحرا کے دامن سے

بلا سے آگ برسے یا نزولِ ابرِ رحمت ہو
نشیمن پھونک کر ہم تو نکل آئے ہیں گلشن سے

بجز دو چار تنکوں کے وہاں رکھا ہُوا کیا تھا؟
فقط لاگ لاگ تھی صیاد کو میرے نشیمن سے

صنم خانے سے مطلب ہے، نہ کعبے سے غرض مجھ کو
مرا مشرب جُدا ہے مذہبِ شیخ و برہمن سے

غمِ دل اُس تغافل کیش پر کیوں کھُلے یا رب!
زبانِ عشق ہے ناآشنا اندازِ شیون سے

پسِ مرگ اے ہنر! میری محبت رنگ لائے گی
وہ غفلت کیش روئے گا لپٹ کر میرے مدفن سے

ہیں میرے ساتھ لازم بھی عیش و عشرت کے
بگولے رقص کناں ہیں دیارِ غربت کے

رہِ طلب میں کسی سے اُمید کیا رکھوں؟
ہرے ہیں داغ ابھی خضر کی رفاقت کے

غلط یقین دلانے سے فائدہ ساقی؟
پلیں گے جام وُہی جو ہیں میری قسمت کے

وہ ایک تم کہ رہو بے نیازِ شادی و غم
وہ ایک ہم کہ ہیں مارے ہوئے محبت کے

پہنچ گیا ہوں میں اُس منزلِ توازن پر
جہاں مقام برابر ہیں رنج و راحت کے

کمالِ عشق سے یہ فیض مل گیا ہے کہ ہم
نہ شامِ وصل کے قائل نہ صبح فرقت کے

شریکِ درد ہے کوئی نہ غم گسار کوئی
وطن میں رنج اٹھاتا ہوں دشتِ غربت کے

نہیں تقدّس بسِ دیر و حرم بھی اب محفوظ
تری نگاہ میں انداز ہیں قیامت کے

نہ اب وہ اگلی سی رونق ہے بزمِ اُردو میں
نہ لولے ہیں وہ اب لے ہنرِ طبیعت کے

ہیں جنونِ عشق کی یہ بھی کرم فرمائیاں

دس قدم آگے ہی چلتی ہیں مری رسوائیاں

جلوہٴ حُسنِ ازل کو چشمِ حق بیں چاہیئے

ہیں وُہی کانٹے میں جو ہیں پھول میں رعنائیاں

جان سے دینا تو کچھ مشکل نہیں مجھ کو، مگر

عشق کو کب ہیں گوارا حُسن کی رُسوائیاں؟

تیرے جلووں میں کہاں تھا اس قدر حُسنِ قبول؟

ہیں ہماری ہی بدولت یہ تری رعنائیاں

قعرِ دریا کی خبر کیا تجھ کو اے ساحل نشیں

ڈوبنے والے ہی کو معلوم ہیں گہرائیاں

دل کشٹی اتنی بہارِ لالہ و گل میں نہ تھی

بخش دی ہیں میری نظروں نے اسے رعنائیاں

باغباں کے جَور کا مطلب نہیں کھلتا ہنر!

یہ چمن سے دشمنی ہے یا چمن آرائیاں؟

کرامت کشفِ باطن کی جو حاصل اور ہو جاتی
نظر منزل شناسِ حق و باطل اور ہو جاتی

بچایا خوفِ پُرسِش نے مجھے! اے دادِ محشر!
خطاؤں پر طبیعت ورنہ مائل اور ہو جاتی

مری کشتی نہ ہوتی غرقِ ساحل کے قریب آ کر
اگر تھوڑی سی دا آغوشِ ساحل اور ہو جاتی

شبِ غم اور ہو جاتی دلِ بے تاب کو تسکیں
اخگلش اُمّید کی اے کاشش! زائل اور ہو جاتی

ڈوبو کر ناخدا نے مجھ پہ اِک احسل کیا ورنہ
مری کشتی رہین ذوقِ ساحل اور ہو جاتی

رفاقت چھوڑ کر اے خضر! اچھا ہی کیا تو نے
نہ ہوتا یہ تو مشکل راہِ منزل اور ہو جاتی

ہمارا آشیاں بالفرض اگر بجلی سے بچ جاتا
بلا کوئی نہ کوئی اِس پہ نازل اور ہو جاتی

عنایت میں دلِ ایذا طلب! اُدہرا مزہ ملتا
اگر کچھ لذتِ بے داد شامل اور ہو جاتی

مسلسل اسے ہنر! ہوتی اگر اُستاد کی شفقت
طبیعت دادِ پا جانے کے قابل اور ہو جاتی

وہ زندگی جو غمِ عشق میں گراں گزرے
وہ شادماں کبھی گزری نہ شادماں گزرے

اُنہیں سے رازِ ہوا فاشِ زندگانی کا
تری طلب میں جو اُنفاس رائگاں گزرے

جو اتفاق سے آئے بھی دن خوشی کے کبھی
وہ میری گردشِ تقدیر پہ گراں گزرے

لیا نہ ساتھ کسی نے سمجھ کے درماندہ
مرے قریب سے کتنے ہی کارواں گزرے

میں اپنے آپ سے کب کا گزر چکا پھر بھی
مری طرف سے ہزاروں اُنہیں گماں گزرے

جلا نہ شے کہیں وا من کو سوزِ دل میرا
اِدھر سے بچ کے ذرا برقِ آشیاں گزرے

نہ بار بزم میں پایا نہ دخل کوُچے میں
تمہیں بتاؤ مری زندگی کہاں گزرے

تعلق تجھے بھی ہوا اپنی ستم شعاری کا
تری نظر سے اگر میری داستاں گزرے

ہنر اکسی کو کبھی میرے سوا نہیں معلوم
معاملے جو مرے اُن کے درمیاں گزرے

حوادث کی ہواؤں سے نہ گھبرائیں چمن والے،
رہیں گے پُر بہار اس کے چمن سرو و سمن والے

متنوع رنگ کو پر اس قدر نازاں نہ ہو گل چیں!
اُترے ہیں رنگِ گل بن بن کے پھولوں کی لگن والے

پرے ہے سَرحدِ ادراک سے مرکزِ نگاہوں کا،
مقامِ عشق کو سمجھیں گے کیا دارورسن والے؟

الٹ دی آنے والے نے بساطِ مہر و الفت بھی
کہاں تک مُنتظر بیٹھے رہیں گے انجمن والے؟

اُٹھاتے ہیں اسیری کے سِتم بھی شادماں ہو کر
چمن سے خانۂ صیاد میں آ کر چمن والے

وطن کا درد رکھتے ہو تو چھوڑو یہ غزل خوانی!
یہاں نغمے سُناؤ اے ہُنر! دردِ وطن والے

الٰہی! آئے دن کیوں کر کہوں تازہ نظر پیدا
کسی کے حُسن سے ہر روز ہے شانِ دگر پیدا

نہ ملتی یہ خلشِ لذت کشانِ دردِ الفت کو
اگر راہِ محبت میں نہ ہوتے نیشتر پیدا

محبت کا مزہ ہم کو ملا ناکام رہ رہ کر
ہوئی ناکامیوں سے لذتِ دردِ جگر پیدا

اُڑا لے کر گئی سُوئے قفس صیاد کی اُلفت
ہوئے کس ساعتِ بد میں ہمارے بال و پر پیدا

خدا معلوم کیوں نار کیلیں ہیں اتنی قسمت میں
نہیں ہوتی مری بشامِ غریبی کی سحر پیدا

الٰہی! تجھ کو کچھ مشکل نہیں مشکل کی آسانی،
کبھی تو آہِ پُر تاثیر میں تاثیر کر پیدا!

ترے حُسنِ تجلی پاش کا جلوہ قیامت ہے
مرے دل میں اُمنگیں ہوئی ہیں شام و سحر پیدا

ہمارا مُلک بھی شیراز و نیشاپور بن جائے
ہُنر جیسے اگر ہو جائیں کچھ اہلِ ہُنر پیدا

قدم قدم پہ یہ گلستاں میں دام کیا کہنا

یہ مشمعِ پر کے لئے اہتمام کیا کہنا!

دہنِ فریب جفا الْتزام کیا کہنا

یہ خاص میرے لئے لطفِ عام کیا کہنا

کسی کے دستِ نگاریں میں جام کیا کہنا

فروغِ جلوۂ ماہِ تمام کیا کہنا

ہے دل پہ عہدِ گزشتہ کا آج تک اک نقش

کنارِ آب کی وہ ایک شام کیا کہنا

وہ اور جہدِ فنائے وجودِ عاشق ہے حیف!

ہم اور سعیٔ بقائے دوام؛ کیا کہنا

حیاتِ سلسلۂ انتہا پذیر نہیں

یہ صبح وہ ہے ـ نہیں جس کی شام کیا کہنا

ترے کلام سے مسرور ہوں اگر وہ ہنر!

تو اس کلام کا پھر لا کلام کیا کہنا

خودی سے دُور ہو کر جب خدا تک بات آ پہنچی
مقامِ ترکِ تسلیم و رضا تک بات آ پہنچی

مِرے شامل ہی طوفانِ بلا تک بات آ پہنچی
کرے گا نا خدا کیا جب خدا تک بات آ پہنچی؟

قدم پھر بھی نہ میرے ڈگمگائے راہِ الفت میں
بسا اوقات کو قصدِ فنا تک بات آ پہنچی

کوئی حد یوم فردا کی مقرر ہی نہ کی تم نے
ملا وعدہ تو پھر روزِ جزا تک بات آ پہنچی

دُعائیں مانگتے تھے رات دن ہم اُن سے ملنے کی
ہُوا یہ کیا کہ اب ترکِ دُعا تک بات آ پہنچی؟

یہ آغازِ وفا بھی کس قدر ہنگامہ پرور تھا
ابھی سے کیوں یہ انجامِ وفا تک بات آ پہنچی

نشانِ منزلِ مقصود بے رہبر نہیں ملتا
بھلا کیا ہے جو اپنے رہنما تک بات آ پہنچی

ہماری شورِ شیدا سب کی نظروں میں تماشا ہیں
تمھاری بزم میں بھی واہ واہ تک بات آ پہنچی

ہنر کو عاشقی کا لطف آتا بھی تو کیا آتا
دمِ آغاز ہی جب انتہا تک بات آ پہنچی

سینے میں شورشِ دلِ دیوانہ چاہیے
لب پر جنونِ عشق کا افسانہ چاہیے

آنکھوں میں ہو سُرورِ شرابِ حیات کا
ہر ہر قدم پہ لغزشِ مستانہ چاہیے

اے رہروانِ منزلِ مقصُود ہوش یار
راہِ طلب میں ہمّتِ مردانہ چاہیے

بے کیف زندگی سہی تو بہت ہے خواب گہ
تھوڑا سا شوقِ بادہ و پیمانہ چاہیے

اسلام و کفر کے یہ مباحث فضول ہیں
ہر دل میں پاس کعبہ و بُت خانہ چاہیے

آبادیِ جہاں کا سُناؤ نہ تذکرہ !
بربادیِ حیات کا افسانہ چاہیے

توبہ کا احترام کہاں تک کرے کوئی؟
آخر کبھی تو مشربِ رندانہ چاہیے

بے ہم ہوں جس سے محفلِ اسباب عقل و ہوش
وہ حشر خیز نغمہ و مستانہ چاہیے

تقلید کیوں سخن میں کسی کی کرے ہنرؔ !
طبعِ رسا کا رنگِ جُدا گانہ چاہیے

زینت افزائے نظر جلوۂ زیبائی ہے
محوِ دیدار بھی معروفِ خود آرائی ہے

خود نہیں تجھ کو خبر کون تماشائی ہے
کیا خودی سوز ترِی مثلِ خود آرائی ہے

غنچۂ دل بھی شگفتہ ہے گل تر کی طرح
پھول کھلاتی ہوئی گلشن میں بہار آئی ہے

تم تو کیا اب مجھے آتا نہیں اپنا بھی خیال؟
غفلت آباد ہرا مالمِ تنہائی ہے

آخر اس سمع خراشی سے حصول ہے کیا بلبل!
سن لیا ہم نے کہ گلشن میں بہار آئی ہے

ہو گیا ترکِ تعلق سے اسیرِ خلوت
مجھ کو گھیرے ہوئے ہنگامۂ تنہائی ہے

جلوہ سازی فطرت کا ہوں دیوانہ میں
ساغرِ بادہ مجھے لالۂ صحرائی ہے

اس سے پہلے تو ہر اک پھول کا چہرہ تھا اداس
آپ آئے ہیں تو گلشن میں بہار آئی ہے

مقتلِ عشق سے بچ کر نہ گیا کوئی ہنر!
تجھ کو بھی آج یہاں تیری قضا لائی ہے

بجز تیرے کوئی کچھ بھی نہیں ہے
کسی کی زندگی کچھ بھی نہیں ہے

کہ ہر ہے منزلِ مقصودِ آدم؟
کسی کو آگہی کچھ بھی نہیں ہے

فقط اک آمد و شد ہے نفس کی
ہماری زندگی کچھ بھی نہیں ہے

نگاہِ شوق نے بخشی ہے رونق
چمن میں دیدنی کچھ بھی نہیں ہے

کوئی کارِ مسایاں کر جہاں میں!
ثباتِ زندگی کچھ بھی نہیں ہے

ہمارا ظرف ہی عالی ہے، ورنہ
عنایت میں کمی کچھ بھی نہیں ہے

فقط ہے ایک احساسِ طبیعت
خوشی و ناخوشی کچھ بھی نہیں ہے

نہ فصلِ گل، نہ رامش گر، نہ ساقی!
ہماری ہے کشی کچھ بھی نہیں ہے

ہنر کے حال پر بھی ہو عنایت!
ترے گھر میں کمی کچھ بھی نہیں ہے

ہم اپنی داستاں کہنے لگے ہیں
قفس کو آشیاں کہنے لگے ہیں

حقیقت ہم کہاں کہنے لگے ہیں؟
زمیں کو آسماں کہنے لگے ہیں

فسانہ پنج روزہ زندگی کا
مرے اشکِ رواں کہنے لگے ہیں

جہاں سجدے کئے میری جبیں نے
اُسی کو آستاں کہنے لگے ہیں

کہیں گے لطفِ فصلِ گُل کبھی پھر
ابھی جَورِ خزاں کہنے لگے ہیں

نہ ہوں احباب سُن کر دل میں نادم
خلوصِ دشمناں کہنے لگے ہیں

نظر محدُود ہے اہلِ جہاں کی
جہاں کو بے کراں کہنے لگے ہیں

سُنا جائے نہ تم سے جو فسانہ
وہی ہم بے زباں کہنے لگے ہیں

وطن کے ذرّے ذرّے کو ہنر ہم
ستاروں کا جہاں کہنے لگے ہیں

میرے دل کی بستی بھی طرفہ تریں اِک بستی ہے
ستی میں ہُشیاری ہے، ہُشیاری میں مستی ہے

اُن کی جفائیں مستی ہیں، جنس و فاکب سستی ہے
جو اِس کو اُلٹا سمجھے اُس کی وہ تم پرستی ہے

کیوں نہ جہاں کو وحشت ہو؟ کیوں نہ زمانہ بے خود ہو؟
اُس کی چشمِ مے گوں سے میں ہر وقت برستی ہے

زورِ خدا کا چلتا ہے۔ دُنیا کا کچھ زور نہیں
اُس کی قُدرت کے آگے بندوں کی کیا ہستی ہے؟

لطفِ نشیمن اب کیا؟ موسمِ گل بھی یاد نہیں
اپنا قفس میں رہنا بھی اِک صیاد پرستی ہے

کھوٹ جو ہے کھل جاتا ہے عیب نظر آ جاتے ہیں
اچھے بُرے انسانوں کو دل کی کسوٹی کستی ہے

اُن کی چشمِ کرم جیسی اور کوئی نعمت ہی نہیں
مر دے کر جو مل جائے تو بھی سمجھو سستی ہے

تم تو مُنتر و خُود دانا ہو حال کہوں کیا دُنیا کا؟
اِک نظر میں مہنگی ہے، ایک نظر میں سستی ہے

تری اک نظر سے یہ کیا ہوگیا؟
ہر اک دل میں فتنہ بپا ہوگیا

یہ اے بے خودی! تجھ سے کیا ہوگیا!
بیاں درد کا ماجرا ہوگیا

ستم ان کا لذت فزا ہوگیا
مرا دردِ دل لادوا ہوگیا

یہ لطفِ جفا پھر میسر کہاں؟
اگر امتحانِ وفا ہوگیا

ندامت ہر اک زخمِ دل کو ہوئی
نشانہ جو ان کا خطا ہوگیا

ٹھکانہ بھی ہے کوئی اے بے پری!
قفس سے اگر میں رہا ہوگیا

نویدِ نشاطِ کرم عید کو
مرا دل ستم آشنا ہوگیا

جئیں گے پھر لے دل اکس امید پر؟
اگر ان کا وعدہ وفا ہوگیا

مرے شعر سن کر وہ کہنے لگے
ہنر شاعر خوش نوا ہوگیا

حُرمتِ اہلِ خرابات کہاں تک پہنچی
چشمِ ساقی کی کرامات کہاں تک پہنچی

ایک جلوے سے بشارات کہاں تک پہنچی
بخشش پیرِ خرابات کہاں تک پہنچی

تحفۂ دار کھلیں برقِ تجلّی طور کھلیں
شدّتِ شوقِ ملاقات کہاں تک پہنچی

دامنِ مجمعِ قیامت سے بندھا ہے دامن
کیا کہوں ہجر کی یہ رات کہاں تک پہنچی

حالِ آغازِ مراسم تو نہاں ہے اب تک
خبرِ ترکِ ملاقات کہاں تک پہنچی

رازِ سربستہ بھی جب تک تھی تمنا دل میں
آ گئی لب پہ تو یہ بات کہاں تک پہنچی

آنکھ نے دل سے کہی، دل سے پھر آئی لب تک
چلتے چلتے یہ جذبات کہاں تک پہنچی

عرش بھی عالمِ حیرت نظر آیا ہم کو
تیری دنیا کے طلسمات کہاں تک پہنچی

کٹ گئی اہلِ طرب کی شبِ عشرت پل میں
غم کے ماروں کی ہنر رات کہاں تک پہنچی

محبت ناز ہوتی جا رہی ہے،
فسوں پرداز ہوتی جا رہی ہے

تمھاری ہر نگاہ بے محابا،
غلط انداز ہوتی جا رہی ہے

خرد سے کیا کھلے رازِ حقیقت ؟
خرد خود راز ہوتی جا رہی ہے

خزاں بھی ان دنوں میرے چمن کی
بہار انداز ہوتی جا رہی ہے

ہماری بے پری یادِ چمن میں
پرِ پرواز ہوتی جا رہی ہے

بزرگوں کی بزرگی دو ہی تو میں،
نغمہ انداز ہوتی جا رہی ہے

جفا سے متصل اُس بے وفا کی
وفا انداز ہوتی جا رہی ہے

مری آواز گم ہو کر فضا میں
تری آواز ہوتی جا رہی ہے

ہنر! حسنِ بیاں ہے ختم تجھ پر
غزل اعجاز ہوتی جا رہی ہے

پرے آسماں سے مقام اور بھی ہیں
مہ و مہر گرم خرام اور بھی ہیں
کہاں تک سنیں ناصحوں کی نصیحت؟
کلام اور بھی ہیں پیام اور بھی ہیں
نہ دیکھو محبت کی نظروں سے مجھ کو
یہ نظریں قیامت نظام اور بھی ہیں
پکارا ہے کس نے اسے عشق کہہ کر
محبت کے دل چسپ نام اور بھی ہیں
نہ لے جا اٹھا کر صراحی کو ساقی!
ابھی اس میں دو چار جام اور بھی ہیں
غبارِ سرِ راہ میں ہی نہیں ہوں
ترے پائمالِ خرام اور بھی ہیں
یہ مژدہ بلا چشمِ ساقی سے ہم کو
شراب حقیقت کے جام اور بھی ہیں
وہ خط کی طوالت سے گھبرا نہ جائیں
ابھی کچھ سلام و پیام اور بھی ہیں
ہنر ہی کو سن کر نہ محفل سے اٹھیے!
یہاں خوش نوا، خوش کلام اور بھی ہیں

عالَمِ جلوہ ٔ بے نام تک آ پہنچے ہیں
ماورائے سحر و شام تک آ پہنچے ہیں

ناخدا کو ششِ ناکام تک آ پہنچے ہیں،
اب کھلے گردشِ ایام تک آ پہنچے ہیں

کس قیامت کی کشش تجھ میں نہاں ہے صیاد!
ہم نشیمن سے ترے دام تک آ پہنچے ہیں

زندگی میں تو کو کئی چین کا لمحہ نہ ملا،
مرکے ہم گوشہ ٔ آرام تک آ پہنچے ہیں

دورِ عشرت میں تری یاد سے غافل تھے ہم
شدّتِ غم میں ترے نام تک آ پہنچے ہیں

ہم تو سمجھے تھے بلائیں ہیں نشیمن ہی تک
حادثے اب قفس و دام تک آ پہنچے ہیں

ایک غم ہو تو کرے چارہ ٔ غم بھی کوئی
غم کے لشکر دلِ ناکام تک آ پہنچے ہیں

آسمانوں کو بھی معلوم نہیں اُن کا پتا
جو تری بارگہِ عام تک آ پہنچے ہیں

اے ہنرؔ! اہلِ جنوں کے لئے آغاز ہے وہ
تجھ سے مشیّارِ جِس انجام تک آ پہنچے ہیں

نہ سمجھتے مُو سے اے تمہارا حُسنِ کامل دیکھنے والے
ہمیں ہیں اس تجلّی کو مقابل دیکھنے والے

نہ ہو مغرور اپنی اتفاقی کامیابی پر
ہماری سعیٔ لا حاصل کا حاصل دیکھنے والے

ہم آنکھیں بند کر کے آ گئے ہیں اپنی منزل پر
کہاں ہیں نقشِ پائے خضرِ منزل دیکھنے والے؟

کرشمہ تھا یہ حُسنِ خود نمائی کا خود نمائی کا
کہ بے خُود ہو گئے اسباق کی محفل دیکھنے والے

ترے قدموں کے نیچے منزلِ مقصود پنہاں ہے
نہ ہو مایوس اتنا سوئے منزل دیکھنے والے

نظر تُو کیوں نہیں آتا نظر کے سامنے آ کر؟
تحیُّر میں ہیں مجھ کو زیبِ محفل دیکھنے والے

اگر طوفانِ آفتِ خیز سے خود کو بچانا ہو
چھُپیں دریا کی تہہ میں سوئے ساحل دیکھنے والے

جنوں میں ہوش اپنے نیک و بد کا کس کو رہتا ہے؟
نہ ہوں حیران میری دحشتِ دل دیکھنے والے

ہنر کا ہر سخن معیار ہے حُسنِ تکلّم کا
ذرا دیکھیں تو فرقِ حق و باطل دیکھنے والے

باغِ دُنیا بھی مِرا، خُلد بھی گُلشن میرا
پھر بھی خالی ہے گُل و لالہ سے دامن میرا

میرے آزار کی تدبیر نہ کر۔ اے صیاد!
برق خُود ڈھونڈتی پھرتی ہے نشیمن میرا

ظلمتِ دہر میں کیا خضر کی حاجت مجھ کو؟
رہ بری میری کرے گا دلِ روشن میرا

بخیہ گر! ایک بہانہ ہے جنوں کی تحریک
خُود بخُود چاک ہُوا جاتا ہے دامن میرا

حیف تقدیر کی گردش نے دکھایا یہ دن
میرے ہی سامنے اُجڑا ہے نشیمن میرا

اہلِ عالم کے تخیّل کی رسائی ہوں کہاں؟
لامکاں سے بھی کہیں دُور ہے مسکن میرا

اے ہُنر! یَہ نئے لٹائے ہیں سخن کے موتی
ابرِ نیساں کی طرح نام ہے روشن میرا

نگاہِ لطف سے اُس نے اگر دیکھا تو کیا ہوگا
اگر رازِ محبت ہو گیا رُسوا تو کیا ہوگا

اُٹھا اُن کے رُخِ پُر نور سے پردہ تو کیا ہوگا
یکا یک ہو گئی زیر و زبر دُنیا تو کیا ہوگا

ستاروں کا تصادم دیکھ کر کچھ سوچ اے ناہد!
اگر ٹکرا گئے یہ ساغر و مینا تو کیا ہوگا

زباں کو روک اُسرارِ حقیقت جاننے والے!
جہاں میں ہو گیا اِس بات کا چرچا تو کیا ہوگا

بتانِ دیر سے شیخِ حرم! کیوں اس قدر وحشت؟
دکھا دوں میں اِنھیں طُور کا جلوا تو کیا ہوگا

نہ ہو پر سرزنش گناہوں کی ہنر سے ۔ داورِ محشر!
وہ مجبوری کا دفتر کھول بیٹھے گا تو کیا ہوگا

احساسِ خودی سے مجھے بیگانہ بنا دے
اے عشق! پلا ایسی جو مستانہ بنا دے

یا دل سے مٹا دے مرے احساسِ غمِ عشق
یا مجھ کو غمِ عشق سے بیگانہ بنا دے

اُن مست نگاہوں کی قسم ہے مجھے ساقی!
ساغر کو مرے حاصلِ میخانہ بنا دے

ڈر ہے کہ نہ کھل جائے کہیں ہر حقیقت
دے بنا دے مجھے دیوانہ بنا دے

ہونا ہے مجھے تیری تجلّی کے مقابل
ہمّت کو مری فطرت پروانہ بنا دے

ہے عشق وہی عشق ہنر! میری نظر میں
کعبے کو بھی جو ایک صنم خانہ بنا دے

پیشِ نگاہِ جلوہ ٔ جانانہ دیکھتے
اہلِ حرم جو سیرِ صنم خانہ دیکھتے

تیری نگاہِ مست کا ہوتا جو فیضِ عام،
کیوں بادہ خوار صورتِ میخانہ دیکھتے؟

اچھا ہوا کہ برق نے اس کو جلا دیا
کب تک اسیرِ جاں پہ کا شانہ دیکھتے

دنیا کو آنکھ کھول کے ہم دیکھتے اگر
روز اک نیا سراب تمنا دیکھتے

بے ہوشیِ کلیم کو کافی اِک جھلک
قسمت کہاں کہ جلوہ ٔ جانا نہ دیکھتے؟

دنیا کی الجھنوں ہی نے فرصت نہ دی ہنر
ورنہ ضرور ہم بھی صنم خانہ دیکھتے

خندہُ ئے شادی نہیں ہے ۔ گر یہ ماتم نہیں
میں ہوں اُس عالَم میں جو وابستہُ عالَم نہیں

چلتے چلتے آکے راہِ طلب میں وہ مقام
موت اگر آ جائے تو اُس کا بھی مجھ کو غم نہیں

جذب ہو جائیں گے میرے اشک نورِ حُسن میں
مہر کی تابِ مقابل فطرتِ شبنم نہیں

کر گئے یک سر کنارہ مجھ سے یارانِ قدیم
انتہا یہ ہے کہ غم بھی اب مِرا ہمدم نہیں

یا ہمارے عشق ہی پر چھائی تھی افسردگی
یا کسی کے حُسن میں اگلا سا وہ عالَم نہیں

عشقِ صادق کی نظر میں ہیں برابر وصل و ہجر
کیا خوشی کی ہو خوشی جب غم کا مجھ کو غم نہیں؟

سجی ساقی کا ہنر! کیا شکوہ؟ مے ملتی تو ہے
شکار کرتا ہوں مجھے پروا ے بیش و کم نہیں

اِک نظرِ آغاز پر ہے اِک نظرِ انجام پر
ہے جہادِ زندگی موقوف صبح و شام پر

دورِ مے میں اِکتفا کرنا فقط اِک جام پر
آشکارا طن ہے ساقی کے فیضِ عام پر

صبحِ غربت کو وطن کی شام پر قرباں کروں
دیکھتا ہوں عالَمِ بے کائی ہر کام پر

سوزِ زبانیں اِک زبانِ بے زبانی پر نثار
لے گئے سبقت ہماری خامُشی پیغام پر

ہر کس و ناکس کو دعوتِ دید کی ملنے
کون جائے دیکھنے جلووں کو اذنِ عام پر

ساری دُنیا کامیابی پر کیا کرتی ہے فخر
اور مَیں نازاں ہوں اپنی کوششِ ناکام پر

تم کو میرے حال کے اچھے بُرے سے کیا غرض
پُرسشوں سے حرف آتا ہے جفا کے نام پر

زندگی یکساں گزاری کب کسی نے؟ اے ہُنر!
پھر تجھے حیرت ہے کیوں نیرنگیِ ایام پر

امتحانِ ہوسِ خام تو لینے دیتے

جرعۂ بادۂ گل فام تو لینے دیتے

چین کچھ عمر کے ایام تو لینے دیتے

دو گھڑی کے لیے آرام تو لینے دیتے

دیکھتے تم مری فریاد و فغاں کا عالم

سوزِ باطن سے ذرا کام تو لینے دیتے

اگر انجام وفا ہی تھا سنانا منظور

اپنا دل آپ مجھے تھام تو لینے دیتے

کیا غضب تم نے کیا اذنِ رہائی دے کر

لطفِ نیرنگیِ آیام تو لینے دیتے

لطفِ گل زار سے محروم ہی رکھنا تھا اگر

کچھ مسکوں مجھ کو تہِ دام تو لینے دیتے

کیوں لیے جاتے ہیں دُر اد مجھ مسعود کرم؟

لطفِ نظارۂ اصنام تو لینے دیتے

ظرف کتنا ہے تمھیں اس کا پتہ چل جاتا

دستِ ساقی سے مجھے جام تو لینے دیتے

لے ہنر! اور کچھ احباب کرتے لیکن

دلِ ناکام سے کچھ کام تو لینے دیتے

جب سے ترے کرم کا سہارا نہیں رہا

احساسِ زندگی بھی گوارا نہیں رہا

تیرے بغیر گھر کی فضا بھی اُداس ہے

دیوار و در کا اب وہ نظارا نہیں رہا

اب خوف کچھ نہیں ہے کہ یہ ڈوب جائیگی

کشتی کو ناخدا کا سہارا نہیں رہا

گزری ہے کچھ قفس میں تو کچھ صحنِ باغ میں

یکساں جہاں میں حال ہمارا نہیں رہا

کہتے ہیں جبرِ عشق جسے وہ یہی نہ ہو

دل پر بھی اختیار ہمارا نہیں رہا

وہ لذّتیں ہیں تلخیِ غم میں کہ اب مجھے

اُن کا بھی التفات گوارا نہیں رہا

کب تیرے سنگِ در پہ جھکائی نہیں جبیں؟

کب اوجِ پر نصیب ہمارا نہیں رہا؟

یہ کیا کہا کہ عاشقِ صادق کوئی نہیں؟

شاید تمھیں خیال ہمارا نہیں رہا

صبح شبِ فراق قیامت ہی لے ہنر!

سُن لیں گے وہ کہ ہجر کا مارا نہیں رہا

تجلّی اُدھر جلوہ گر ہو رہی ہے
اِدھر خلقِ زیر و زبر ہو رہی ہے

کسک درد کی تیز تر ہو رہی ہے
شبِ غم کی شاید سحر ہو رہی ہے

فسانہ مری زندگی کا نہ پوچھو
بسر کر رہا ہوں بسر ہو رہی ہے

اب آنے لگا ہے مزہ زندگی کا
رہِ زندگی پُر خطر ہو رہی ہے

سمجھتا ہوں میں ہر بلندی کو پستی
بلند اس قدر اب نظر ہو رہی ہے

محبت میں ہر مر کے جیتے ہیں عاشق
تجھے فکر کیوں جاں گر ہو رہی ہے؟

ہم اس منزلِ عشق میں کہ جس میں
تری یاد بھی درد سر ہو رہی ہے

سمایا ہوا ہے نگاہوں میں کوئی
بہار آفریں ہر نظر ہو رہی ہے

نہیں پوچھتا اب کوئی بے ہنر کو
ہنر قدرِ اہلِ ہنر ہو رہی ہے

جو تلاطم بحر میں تھا اب وہی ساحل میں ہے
اک مسلسل یاس پاس میری بستی، لاحاصل میں ہے

طورِ سینا پر گئے تھے دیکھنے، جس کو کلیم
حُسن کے جلووں کا وہ عالم حریم دل میں ہے

جس کو دیکھو ہے وہی بیگانۂ ہوش و حواس
اک جہان خود فراموشی تری محفل میں ہے

میرے ہی دل کی تڑپ ہی موجِ مضطر سے عیاں
چاک میرے ہی جگر کا دامنِ ساحل میں ہے

جذبِ مجنوں ۔ ضبطِ لیلیٰ ۔ پھر کشاکش ۔ الاماں
ایک محشر ہے جو برپا پردۂ محمل میں ہے

پردہ داری شرط ہے شاید کمالِ عشق میں
اب تو دل میں بھی نظر آتا نہیں جو دل میں ہے

گوشۂ راحت کہاں دریائے ہستی میں؟ ہنر!
خضرِ سرگرداں فریبِ دامنِ ساحل میں ہے

مجھ سے! تری آنکھوں نے دیکھا ہی ابھی کیا ہے
جلوہ جسے کہتے ہیں وہ اور ہی جلوہ ہے
بنتے طور پہ غشِ موسیٰ ۔ ہے حور پہ غشِ زاہد
وہ بھی ترا جلوہ تھا یہ بھی ترا جلوہ ہے
اسے چشمِ حقیقت بیں! کیا تجھ کو نظر آیا؟
کچھ ہے بھی پسِ پردہ یا پردہ ہی پردا ہے؟
ہے ساغر و مینا بھی ۔ ہے خانہ بھی ساقی بھی
جنت جسے کہتے ہیں شاید یہی دنیا ہے
رونق ہے فقط تجھ سے اس عالمِ ہستی میں
تیری ہی تجلّی سے ہنگامۂ دنیا ہے
موہوم سمجھتا ہوں میں ایسے فسانوں کو
لیلیٰ بھی تماشا تھی ۔ مجنوں بھی تماشا ہے
کیا آپ نہیں واقف اس شخص کی عظمت سے
ہے نام ہنر جس کا ۔ جو شاعر یکتا ہے

ہمارے راز سے واقف زمانہ ہوتا جاتا ہے
ذرا سی بات کہتی جس کا فسانہ ہوتا جاتا ہے

الہٰی! اب کی یہ کیسی بہار آئی گلستاں میں
کہ مجھ پر تنگ میرا آشیانہ ہوتا جاتا ہے

مسونِ عشق کی تاثیر مخفی رہ نہیں سکتی
لبِ خاموش سے پیدا ترانہ ہوتا جاتا ہے

حضوری کا شرف بھی ایک دن مل جائے گا مجھ کو
تعارف اُن سے حاصل غائبانہ ہوتا جاتا ہے

ہماری زندگی بھولا ہوا اِک خواب ہے گویا
گزرتا ہے جو لمحہ اِک فسانہ ہوتا جاتا ہے

کوئی تازہ مصیبت ٹوٹنے والی ہے پھر شاید
چمن سے عشق مجھ کو وا اَنہ ہوتا جاتا ہے

تصور میں نظر آتی ہے ہر جانب تری صورت
ہمارا دل بھی اِک آئینہ خانہ ہوتا جاتا ہے

عجب انداز سے دیکھا ہے اُس نے ہنر مجھ کو
مزاجِ حسن شاید عاشقانہ ہوتا جاتا ہے

میرا اسرِ نیاز ہے اور درِ حبیب ہے
مجھ سے زیادہ آج کون عشق میں خوش نصیب ہے

حُسن کی جلوہ گاہ میں ذوقِ نظر بلند کر!
جلوۂ حُسن سے سوا ذوقِ نظر عجیب ہے

کوئی بیاں نہ کر سکا رازِ حیات و موت کا
اُن کی نگاہِ ناز کو بس یہ شرَف نصیب ہے

اب بھی ستم سے باز آ۔ اب بھی خدا کا خوف کر
کیا نہیں تجھ کو یہ خبر حشر کا دن قریب ہے؟

فرق کہاں ہے عشق میں ہجر و وصال کا؟ ہنر!
دُور اگر دہ مجھ سے ہے پھر بھی بہت قریب ہے

دِل کو بچاؤں مَیں کہ سنبھالوں جگر کو مَیں
الزام کیوں نہ دُوں تِرے تِیر نظر کو مَیں؟

وہ گھر میں تھے تو گھر کا نظارہ ہی اور تھا
روتا ہُوں دیکھ دیکھ کے دیوار و در کو مَیں

پروانکی سکت ہے نہ راہِ چمن ہے جمے یاد
قیدِ قفس سے چھوٹ کے جاؤں کِدھر کو مَیں؟

دَیر و حرم میں اہلِ تعیُّن کے واسطے
تیری تلاش کے لیے جاؤں کِدھر کو مَیں

کِس کو غرض جو کوئی بنے میرا راہ بَر؟
جب راہ زن خیال کروں راہ بَر کو مَیں

ہر شعر میں ہے طرزِ اُسی جادُو طراز کی
پاتا ہُوں اِس کلام میں رنگِ ہنر کو مَیں

کریم خاص بھی اب عام ہے مے خانوں کا
عرق ہو جائے نہ بیڑا کہیں ایمانوں کا

داد دیتی رہی رو رو کے سحر ہونے تک
حوصلہ دیکھ لیا شمع نے پروانوں کا

کون جائے ترے کعبے کی طرف؟ اے واعظ
بول بالا ہے زمانے میں صنم خانوں کا

عالمِ قدس، فرشتے بھی اسی کو کہتے
قحط دنیا میں نہ ہوتا اگر انسانوں کا

حکم یہ ہے، نظرِ خلق نہ پہنچے ہم تک
اب خدا ہی ہے نگہبان نگہ بانوں کا

کوئی بھی فکر و تردد سے نہیں ہے خالی
آپ کی بزم بھی مجمع ہے پریشانوں کا

اے ہنر! قدرِ سخن اس سے سوا کیا ہوگی؟
تیرا ہر شعر ہے محبوب سخن دانوں کا

صیاد مطمئن ہے تو خورشِ باغ باں ہے اب
یعنی قفس ہمارے لئے آشیاں ہے اب

سینے میں دل ہے اپنے دہن میں زباں ہے اب
بے فکر ہوُں کہ راز تمھارا نہاں ہے اب

صورت سی اضطراب کا عالَم عیاں ہے اب
مجھ میں وہ ضبطِ عشق کی طاقت کہاں ہے اب؟

کیوں کر چھپے گا عالَم وارفتگیُ عشق؟
ہستی کا ذرّہ ذرّہ مرا راز داں ہے اب

اب اذنِ عام بھی ہو تو کیا اس سے فائدہ؟
نظّارہُ جمال کی طاقت کہاں ہے اب؟

رِندانِ بادہ کش کی کرامَت تو دیکھیے
زاہد بھی شریک حلقہُ پیرِ مغاں ہے اب

آنسو نکل پڑیں نہ کہیں فرطِ درد سے
اے ضبط! ہوشیار ترا امتحاں ہے اب

صیاد جستجو میں ہے ۔ بجلی تلاش میں
ہر ایک کی نظر میں مرا آشیاں ہے اب

ہے روحِ شاعری ترے نغموں میں اے ہنر!
والله تو بھی شاعرِ جادو بیاں ہے اب

بڑھتا گیا جو ذوقِ مزا ہر مزا کے بعد
سرزد ہوئی خطا پہ خطا ہر خطا کے بعد

محرومِ التفات رہا التفات کے بعد
نادم ہوُں عرضِ حالِ دل مبتلا کے بعد

طوفاں کی زحمت آپ سفینہ جو چل پڑا
اک زندگی ہے اور بھی شاید فنا کے بعد

پہلے سے بھی سوا ہیں مری بے قراریاں
جی بجھ گیا ہے وعدۂ صبر آزما کے بعد

آغاز کا خیال نہ انجام کی خبر
ہم ابتدا بھی بھُول گئے انتہا کے بعد

اے سنگِ سجدہ! کاٹ کے سر کیوں رکھا دیا
اب اور سجدہ گاہ کہاں ہے خدا کے بعد

اب آرزو یہی ہے کوئی آرزو نہ ہو
کچھ اور مدعا نہیں اس مدعا کے بعد

کچھ یاد ہے تو تجھ کو بس اتنا ہی یاد ہے
کھویا گیا مَیں اک نگہِ دل رُبا کے بعد

ہم صرف ایک در کے سوالی ہیں اے ہنرؔ
اب کیا بتوں کی ہوگی پرستش خدا کے بعد

ایک سننے کی بات لایا ہوں
شکوہِ التفات لایا ہوں

تحفۃً شیخ و برہمن کے لیے
آبِ گنگ و فرات لایا ہوں

پھر نہ شاید سنا سکوں تم کو
لب پہ مشکل سی بات لایا ہوں

دستِ معصوم تیرے کرم کی سن کرم میں
آرزوئے نجات لایا ہوں

رشک ہے خود حیات کو جس پر
وہ طریقِ حیات لایا ہوں

اُن کی محفل سے دل میں رکھنے کو
نکہۃ التفات لایا ہوں نہ

ملک الموت مجھ سے کہتا ہے
میں پیامِ حیات لایا ہوں

نہ صبر سوز کے آگے
میں شکستِ ثبات لایا ہوں

کچھ تصنع نہیں غزل میں ہنر!
قلب کے واردات لایا ہوں

وہ خوں ریز مٹھے سے نہ سفاک نکلے
ہر الزام سے حشر میں پاک نکلے

قیامت بھی اُن کی رفاقت میں نکلی
وہ جب اپنے گھر سے غضب ناک نکلے

جو مرنا بھی چاہیں تو مشکل ہو مرنا
جو ہم زہر بھی لیں تو تریاک نکلے

کچھ ایسی تھی گرمی مرے آنسوؤں میں
جو دیکھا تو انگریتہ خاک نکلے

گریباں تو سالم رہا فصلِ گل میں
مگر میرے دل میں کئی چاک نکلے

کنارہ تو کوئی نہیں بحرِ غم کا
نہ جانے کہاں جا کے تیراک نکلے

تمہیں بھولا بھالا سمجھتا تھا عالم
مگر تم تو بے حد خطرناک نکلے

برابر رہے زاہد و رند دونوں
نہ وہ پاک نکلا نہ یہ پاک نکلے

خوشی میں بھی رہتی ہے تاثیرِ غم کی
ہنرؔ تیرے نغمے بھی غم ناک نکلے

نوا رفتہ رفتہ فغاں ہو گئی ہے
فغاں دُشمنِ آشیاں ہو گئی ہے

مُحیطِ دو عالَم اِسے دیکھتا ہُوں
محبّت مری بے کراں ہو گئی ہے

ہماری اُمیدوں کے خنداں چمن میں
بہار آتے آتے خزاں ہو گئی ہے

جو تاب تکلّم نہیں تو ہُوا کیا؟
ہر کمی بے زبانی زباں ہو گئی ہے

جو کل گردشِ جام تھی مے کدے میں
وہ اب گردشِ آسماں ہو گئی ہے

وہ منزل جسے کاروواں ڈھونڈتا تھا
غبارِ رہِ کارواں ہو گئی ہے

محبّت جو اِک رازِ مخفی تھی دل میں
زمانے میں اِک داستاں ہو گئی ہے

وُہی زندگی جِس پہ مرتی ہے دُنیا
ہنرؔ! مجھ کو بارِ گراں ہو گئی ہے

دستِ ساقی سے جو پی لیتے ہیں اک پیمانہ ہم
کھول دیتے ہیں طلسمِ معنیِ مے خانہ ہم

دل میں رہتی ہے فنائے احسن الحسن ہونے کی ترپ
لے کے آئے ہیں ازل سے قسمتِ پروانہ ہم

اب یگانوں میں ہمارا ہو تو ہو کیوں کر شمار؟
جب خود اپنی ذات ہی سے ہو گئے بیگانہ ہم

فرق کچھ اس کے سوا عشق و عبادت میں نہیں
معتکفِ کعبہ میں زاہد، ساکنِ بت خانہ ہم

اپنی کم بینی سے مؤ سنے دیدکے طالب ہوئے
تاب لا سکتے نہیں لے جلوۂ جانانہ! ہم

کیوں تمہیں بے اعتنائی کا گلہ ہے؟ لے ہنر!
اب یہ عالم ہے کہ سب سے ہو گئے بیگانہ ہم

تنظرِ گُل چیں کی برق آشیاں معلوم ہوتی ہے

بڑے خطرے میں جان ناتواں معلوم ہوتی ہے

نہیں ہے شارع گُل کھلنے کا مجھ کو رنج اے گُل چیں

مجھے ہر شاخ ۔ شارخ آشیاں معلوم ہوتی ہے

کبھی دُنیا کو ہم اظہارِ شانِ حق سمجھتے ہیں ،

کبھی دُنیا ہمیں وہم و گماں معلوم ہوتی ہے

سمجھتے تھے کبھی ہم زندگی کو چشمہٴ راحت،

مگر اب جان پر بارِ گراں معلوم ہوتی ہے

گِرا ہوں ایسا سجدے میں کہ اب سر آٹھ نہیں سکتا

جبینِ شوق جُزوِ آستاں معلوم ہوتی ہے

خدا جانے کہاں تک طُول کھینچے سلسلہ اس کا

محبت کارواں در کارواں معلوم ہوتی ہے

کِسی سے جب کبھی سُنتے ہیں رُوداد غم دوراں

ہنر! ہم کو وہ اپنی داستاں معلوم ہوتی ہے

تمنا ہے تجلی تیری اتنی عام ہو جائے
کہ رشکِ صبحِ صادق میرے گھر کی شام ہو جائے

رہِ الفت میں میرا بھی نہ یہ انجام ہو جائے
کہ منزل پر پہنچنے ہی سے پہلے شام ہو جائے

یقیں مجھ کو بھی ہے پھر بھی بہار آئے گی گلشن میں
مگر ممکن ہے صبحِ زندگی کی شام ہو جائے

ہمارے حال پر بھی مہربانی ہو تو اچھا ہو
تمہارا نام ہو جائے ہمارا کام ہو جائے

عجب تاثیر دیکھی ہے یہ ہم نے چشمِ ساقی میں
پڑے پانی پہ کبھی تو وہ مئے گل فام ہو جائے

تمنا اور پھر ان کی تمنا! اے دلِ ناداں
کہیں ظاہر نہ ہو یہ تیرا خیالِ خام ہو جائے

پلا دے اپنے ہاتھوں سے اگر دو گھونٹ اے ساقی
ہنر سا پارسا بھی رندِ مے آشام ہو جائے

بگڑ گئی ہے کچھ ایسی ہوا زمانے کی
کہ یاد تک نہیں آتی اب آشیانے کی

عجب بہشتِ فراغت ہے خانۂ صیاد
رہی تمیز قفس کی نہ آشیانے کی

زمانہ اور بھی اپنی جفا پہ نازاں ہو
اگر کوئی نہ شکایت کرے زمانے کی

حدودِ دیر و حرم سے بھی دور رہتا ہوں
مجھے تلاش ہے جس بت کے آستانے کی

جو اس کو یاد نہ کہیئے تو اور کیا کہیئے؟
کہ بھول یاد رہی اُن کو بھول جانے کی

فروغِ دیر و حرم کو بہت ہوا لیکن
ذرا نہ کم ہوئی حرمت شراب خانے کی

کبھی تو چشمِ توجہ ہنر کی جانب ہو
وجود اس کا ہے تاریخ ہر زمانے کی

مجھ کو منزلِ رسی کی آس نہیں
شوقِ منزل مگر اُداس نہیں

آپ سے جَور کی تو ہے اُمّید
مہربانی کی کوئی آس نہیں

جام اب آپ کو مبارک ہو
اِتنی پی ہے کہ اور پیاس نہیں

غیر تو پھر بھی غیر ہیں آخر
ہم کو اپنوں سے کوئی آس نہیں

ہو گیا اُنس ہم کو وحشت سے
کوہ و صحرا سے جی اُداس نہیں

شِدّتِ شوق میں نہیں معلوم
دے شُکر پاس ہے کہ پاس نہیں

سرگرانی کا چارہ کیوں کر ہو؟
کوئی پتھر بھی آس پاس نہیں

اے ہنر! خود شناس ہو کر بھی
حیف ہے! تو خدا شناس نہیں

کوئی چمن بھی زمانے میں بے خزاں نہ ملا
بلا بھی عیش کسی کو تو جاوداں نہ ملا

کیا تھا اُس کی رفاقت سے خود ہمیں نے گریز
نہیں تو راہ میں رہ بر کہاں کہاں نہ ملا

رہی بہ سارِ ہی حدِ نگاہ تک ہر سُو
مجھے چمن میں کہیں منظرِ خزاں نہ ملا

جھکا دیا اُسے اپنے ہی پاؤں پہ ہم نے
سرِ نیاز کو جب تیرا آستاں نہ ملا

کہیں یہ نفس پہ نہ گر جائے ٹوٹ کر بجلی
کسی جگہ بھی اُسے میرا آشیاں نہ ملا

اُنہیں سنا ہی دیا قصہءُ الم آخر
فسانہ اور کوئی قابلِ بیاں نہ ملا

نہ یعنی طلب تو ہر اِک سنگ میں ترا تھا ظہُور
ہوئی طلب تو ترا سنگِ آستاں نہ ملا

نہیں فقط حرم و دَیر پہ ہنر موقوف
جہاں بھی کوئی گیا وہ اُسے وہاں نہ ملا

مسجد سے اُلٹ کے جانب کوئے بُتاں چلے
لبِ تشنگانِ دید کہاں سے کہاں چلے

رَد کس طرح ہو اُن کے بیانِ طویل کا
اُن کی زباں رُکے تو ہماری زباں چلے

فُرقت میں رات بھر تو رہے ہیں مِرے رفیق
وقتِ سحر یہ چاند ستارے کہاں چلے

ہم کو مشارعِ مقصدِ منزل نہ مل سکا
سو بار مثلِ گردِ پسِ کارواں چلے

روزِ ازل کسی سے بھی جو اُلٹ نہ سکا نہ تھا
تیرے نُحیف کے وہ بارِ گراں چلے

ہوتا ہے جن کو شیوۂ تقلید ناپسند
چلتے نہیں اُدھر وہ جدھر کا رواں چلے

پیرِ مُغاں کو دیجیے دلقِ قلندری !
کیا کیجیے جو کام نہ دے ارمُغاں چلے

اپنی روِش میں فرق نہ آئے گا، اے ہُنر !
گو دشمنی کی جا ہوں وہ نامہرباں چلے

کچھ تو کہیئے کون سی ایسی خطا ہم سے ہوئی؟
کیوں نگاہِ آشنا نا آشنا ہم سے ہوئی؟

کیا بتائیں ہو گیا کیوں کہ محبت میں بگاڑ؟
کچھ قصُور اُن سے ہوا تھا کچھ خطا ہم سے ہوئی

آگہی کی روشنی نے کس قدر دھوکے دیئے
چلتے چلتے لغزشِ پا جا بجا ہم سے ہوئی

آپ سے اپنی تباہی کا گلہ ہم کیا کریں؟
ماننا پڑتا ہے اِس کی ابتدا ہم سے ہوئی

شوقِ آرائش فرشتوں کی طبیعت میں کہاں؟
حق تو یہ ہے رونقِ ارض و سما ہم سے ہوئی

عشق میں خودُ دار رہنے کے بہت ہیں فائدے
التجا ہم نے نہ کی تو التجا ہم سے ہوئی

بچھڑیں بھی زندگی بخشی تمہاری یاد نے
آگئی تو آ کے شرمندہ قضا ہم سے ہوئی

وقت پر کوئی نہ اپنے کام آیا۔ اے ہنرؔ!
ایک دنیا یوں تو صُورت آشنا ہم سے ہوئی

احسان مجھ پہ چارہ گروں کا نہ ہو سکا
اچھا یہی ہُوا کہ مَیں اچھا نہ ہو سکا

کب بے حجاب حُسنِ کسی کا نہ ہو سکا
مَیں خُود حریفِ جوششِ تماشا نہ ہو سکا

محسُن و میاں تو دیکھ لے کہ مَیں تیری راہ میں
مِٹ کر بھی تیری خاکِ کفِ پا نہ ہو سکا

مُدّت سے چارۂ غمِ دِل کا ہُوں مُنتظِر
یہ کام آپ کر نہ سکے یا نہ ہو سکا

روزِ ازل وُہ درد و دیعت ہُوا ہمیں
جس درد کا کسی سے مُداوا نہ ہو سکا

جتنا رجُوعِ خلقِ وہاں ہے یہاں نہیں
کعبہ کبھی حریفِ کلیسا نہ ہو سکا

گُزری ہے عُمر صبر و قناعت میں اے ہُنرؔ
دُنیا میں مجھ سے شکوۂ دُنیا نہ ہو سکا

ستم گل چیں کا اب اے باغباں دیکھا نہیں جاتا
اِن آنکھوں سے یہ رنگِ بوستاں دیکھا نہیں جاتا

حدیثِ غم کا کوئی ترجماں دیکھا نہیں جاتا
کوئی میری زباں کا ہم زباں دیکھا نہیں جاتا

جسے دیکھو وہی روتا ہے اپنی کم نصیبی پر
کسی کو زیرِ گردوں شادماں دیکھا نہیں جاتا

ازل سے آج تک بے پردہ تجھ کو کس نے دیکھا ہے؟
کہیں تیری تجلّی کو عیاں دیکھا نہیں جاتا

بھنور میں اپنی کشتی غرق ہو جاتی تو ہو جاتی
کنارے پر تو یہ جی کا زیاں دیکھا نہیں جاتا

بڑے آرام سے اہلِ ہوس کے دن گزرتے ہیں
کسی کے دل میں شوقِ امتحاں دیکھا نہیں جاتا

ہمارا دیدۂ دیدار جُو ہے داد کے قابل ،
وہیں دیکھا ہے اُس کو وہ جہاں دیکھا نہیں جاتا

محبّت میں ہنر! سُود و زیاں کا تذکرہ کیوں ہو؟
محبّت میں کبھی سُود و زیاں دیکھا نہیں جاتا

جب حقیقت سے ہمیں کچھ آگہی ہونے لگی
رفتہ رفتہ دُور دل کی تیرگی ہونے لگی؟

کیوں مجھے دُشوار اپنی زندگی ہونے لگی؟
کیا ترے شوقِ ستم میں کچھ کمی ہونے لگی؟

دوستوں پر احتمالِ دشمنی کیوں کر نہ ہو؟
دشمنی بھی جب بہ رنگِ دوستی ہونے لگی

دیکھئے! شوقِ وفا آزاری پہ حرف آنے لگا
غیر تو ہے؟ کیوں ہماری دل دہی ہونے لگی؟

اسے ہُنرؔ! اُس دل شکن نے رکھ دیا سینے پہ ہاتھ
جب ہمارے دردِ دل میں کچھ کمی ہونے لگی

مُشکلیں زیست کی ہو سکتی تھیں آساں پہلے
ہم نہ کرتے جو علاجِ غمِ جاناں پہلے

فیصلہ یہ تجھے کرنا ہے اب اے دستِ جنوُں
آستیں چاک ہو پہلے کہ گریباں پہلے؟

اب گوارا نہ کریں آپ زیادہ تکلیف
کم نہیں مجھ پہ جو ہے آپ کا احساں پہلے

صبر کا پھل ہے کہ میں نے اسے میٹھا پایا
تلخ تھا زہر سے بڑھ کر غمِ دوراں پہلے

میں بھی ہوُں غیر بھی ہے منتظرِ لطف و کرم
دیکھیے کون ہو شرمندۂ احساں پہلے

مردِ میداں بھی ہیں اب جورِ فلک سے خائف
اتنی پامال نہ تھی عظمتِ انساں پہلے

حرف آ جائے گا اسے پیرہنِ گل تجھ پر!
ہو گیا چاک اگر میرا گریباں پہلے

آخری وقت تجھے فکر ہوئی عقبیٰ کی
اے ہنر! چاہیے تھا کچھ سرو ساماں پہلے

جب بھی وہ باندھ کے مجھ سے کوئی پیمان گئے
دلِ بے تاب پکارا مرے اوسان گئے

حشر میں بارِ ندامت سے نہ اُٹھی گردن
آہ! کس حال میں ہم دل کا کہا مان گئے

پھر اُنھیں اپنا ٹھکانا نظر آیا نہ کہیں
جو گئے آپ کے کوچے سے پریشان گئے

ہم صنم خانوں میں۔ کعبے میں۔ کلیساؤں میں
تیرے دیدار کا دل میں لئے ارمان گئے

دیدنی ہوگا وہ نظارہ پُرلطف۔ اگر
حشر میں حضرتِ زاہد مجھے پہچان گئے

مہربانی کا دلاتے ہو یقیں کیا ہم کو؟
اس نوازش کو تو ہم جان گئے مان گئے

میرا سر کٹنے سے تیرا ہی نقصان ہوا
سر کے جاتے ہی جو سر پر تھے سب احسان گئے

اے ہنر! یارِ وفادار کہاں؟ دنیا میں
جو کہے جاتے تھے انسان وہ انسان گئے

ملالِ گردشِ ایام پہلے بھی تھا اب بھی ہے
وہی نیرنگیِ صبح و شام پہلے بھی تھا اب بھی ہے

محبت کا نہیں ہے نام ممکن اُن کی طبیعت میں
خلوصِ اُن کا برائے نام پہلے بھی تھا اب بھی ہے

پھنسا لیتا ہے واعظ اب بھی نادانوں کو باتوں میں
وہی مکر و ریا کا دام پہلے بھی تھا اب بھی ہے

کبھی شکوہ نہیں آتا زباں پر بخلِ ساقی کا
مرے ہاتھوں میں خالی جام پہلے بھی تھا اب بھی ہے

ابھی انسانیت کے نام سے وحشت ہے انساں کو
مثالِ گرگ خوں آشام پہلے بھی تھا اب بھی ہے

بدلنے سے بدلتی ہے کہیں فطرت زمانے کی؟
زمانے پر یہی الزام پہلے بھی تھا اب بھی ہے

اسی کے دم سے ہیں راہِ طلب کی ظلمتیں روشن
تجلی پاش اپنا جامِ پہلے بھی تھا اب بھی ہے

نہ کیوں ہو ناز ہم کو اے ہنر! اپنی طبیعت پر
کلام اپنا پسندِ عام پہلے بھی تھا اب بھی ہے

رفتارِ وقت

سُست ہے رفتارِ وقت اُن کے لیے
کر رہے ہوں جو کسی کا انتظار ہے

سُست تر رفتارِ وقت اُن کے لیے
جن کی نازک طبع پر ہو غم کا بار ہے

تیز ہے رفتارِ وقت اُن کے لیے
جن کو ہونا ہے مصیبت کا شکار ہے

تیز تر رفتارِ وقت اُن کے لیے
جن کا دائم عیش و عشرت ہو شعار ہے

کچھ نہیں رفتارِ وقت اُن کے لیے
ہو چکے ہوں جو محبت کا شکار ہے

تعمیرِ نو

بے مقدس سرزمیں اے کشورِ ہندوستاں
خم ہے اے تعظیم تیرے سامنے ہے آسماں

انتخابِ ہفت کشور نامِ نامی ہے ترا
پایہ سب دنیا کے ملکوں میں گرامی ہے ترا

جنتِ ارضی بھی کہتے ہیں تجھے اہلِ نظر
تیرے ہی دامن میں آدم نے بنایا مستقر

جب بجا ڈنکا زمانے میں تری تہذیب کا
عرش سے آئی صدا! ایں مرحبا صد مرحبا

علم و حکمت کی یہاں وہ گرم بازاری ہوئی
جس سے حیرت مصر پہ یونان پہ طاری ہوئی

تو نے شرق و غرب کے ملکوں کو سیم و زر دیئے
جو بھی حاجت مند آئے ان کے دامن بھر دیئے

تیرے فرزندوں کے دل میں تھی نہ حرصِ ملکگیری
تیری فوجوں نے نہ کی اغیار پر لشکرکشی

امن کا پیغام ہی دیتا ہے دنیا کو تو
ناروا کہتا رہا ہے خوں ریزی بے جا کو تو

گردشِ دوراں سے جب دورِ غلامی آگیا
اور مثلِ ماہِ عالم تاب تو گہنا گیا

پھر بھی تیری شان علی میں ذرا آیا نہ فرق

عاقلوں نے غور کرنے پر بھی کچھ پایا نہ فرق

طالبانِ علم و حکمت پھر بھی آتے ہی رہے

اور تیری شمعِ اُلفت سے شمعیں جلاتے ہی رہے

ہاں کسانوں اور مزدوروں کو دیکھا تنگ حال

اُن کی راحت اُن کی بہبودی ہوئی خواب و خیال

آخرکار اِک ترا فردِ زِندہ لایا انقلاب

انقلاب ایسا نہیں تاریخ میں جس کا جواب

گاندھی حق کیش کا شرمندۂ احسان ہے تُو

آج خود مختار ہے آزاد ہے شاداں ہے تُو

شوقِ تعمیرِ وطن کی گرم بازاری ہے آج

جنسِ آزادی کی ہر جانب خریداری ہے آج

خوب سرگرمِ عمل ہیں آج احرارِ وطن

ہیں یہ احرارِ وطن لاریب معمارِ وطن

چپے چپے پر یہاں ہو جائیں گی نہریں رواں

اور بن جائے گا ہر ٹکڑا زمیں کا زرفشاں

دشت و در ہو جائیں گے سب غیرتِ گل زار اب

ایک بھی دریا نہ ہوگا باعثِ ادبار اب

خوش نصیبی کا ستارہ آ گیا ہے اوج پر

ہیں نظر افروزِ چشم شوق انوارِ سحر

اے جوَاہر! جاگ اُٹھی دنیا تری آواز سے

قسمتِ ہندوستاں بدلی ترے اعجاز سے

ہمارے کارنامے

سنوار ا اس طرح ہم نے وطن کو   بنایا رشکِ جنت اس چمن کو

سرور و شادمانی کو بسا کر   نکالا دیش سے رنج و محن کو

پیامِ امن و آسائش سنا کر   بھلایا قصہ دار و رسن کو

مٹائی زنگ کی آلودگی بھی   جِلا بخشی روایاتِ کہن کو

دورنگی جس قدر تھی دور کر دی   کیا یک رنگ شیخ و برہمن کو

یہاں کوئی نہ بھوکا ہے نہ ننگا   ہے روٹی پیٹ کو کپڑا ہے تن کو

کھلی ہیں جا بجا تعلیم گاہیں   حیاتِ نو ملی ہے علم و فن کو

ترقی کی دکھائی راہ ہم نے   عراق و شام و سوڈان و یمن کو

اگر ہے ماسکو کو پیار ہم سے   تو الفت کم نہیں واشنگٹن کو

کہیں جھکتی نہیں گردن ہماری   ملی ہے جب سے آزادی وطن کو

ہنر مندی ہنر کی دیکھیے گا !

بنایا کس قدر دلکش سخن کو

آہنگِ جمہور

بھارت کو کیل وان کریں گے　　اس کی اُونچی شان کریں گے
رشتۂ اُلفت جوڑکے سب سے　　جگ میں سب کا مان کریں گے
دیش کی اُونچی شان کریں گے

سب سے اُتم دیش ہمارا　　یہ سب کی آنکھوں کا تارا،
ایک جوآہر لال سارا رہ بر　　سب کے درد دردوں کا چارا،
ہر انداز ہے اُس کا پیارا

ہم نے سب سے پیار کیا ہے　　سب کے جگر کا چاک سیا ہے
غیر کو بھی اپنا ہی سمجھ کر　　سب کو پیامِ امن دیا ہے
گاندھی سے یہ درس لیا ہے

بھاکڑا جیسے ڈیم بنائے　　خیر سے اب دن اچھے آئے
اپنے بَل بوتے پر ہم نے　　دشت و در گل زار بنائے
راحت کے پیغام سُنائے

ہم نے خوشی سے بدلا غم کو 　　 اس کا فیصلہ نہ ہو کیوں ہم کو؟

مہر و محبت لطف و کرم کا 　　 درس دیا ہے اک عالم کو

پھٹکارا ہے ایٹم بم کو

اپنا وطن تو باغِ جناں ہے 　　 راحتِ دل ہے، راحتِ جاں ہے

لازم وہ ہے اس کی الفت میں 　　 جس میں بقائے قوم نہاں ہے

یہ الفت عزت کا نشاں ہے

جنگ کے کر دو ختم فسانے 　　 آہنسا سارا جگ مانے

سوچو جنگ کا حاصل کیا ہے 　　 بخشی ہے تم کو عقل خدا نے

امن کے مل کر گاؤ ترانے

باطل کے سب نقش مٹا دو 　　 اپنے وطن کو سورگ بنا دو

بن جائیں سب امن کے حامی 　　 یہ گر ہر انساں کو سکھا دو!

امن کے سارے ڈھنگ بتا دو

جذبہِ عشق نمایاں کر دو! 　　 جنسِ محبت ارزاں کر دو!

حاصل ہو تسکین بشر کو 　　 ہر مشکل کو آساں کر دو!

ہر چہرے کو خنداں کر دو

جنگِ آزادی

اے مرے ہندوستاں! اے شیر مردوں کی زمیں
تیری خاکِ پاک ہے خونِ شہیداں کی امیں
گو ترے جاں باز ہیں مُدّت سے جنت کے مکیں
ہے ابھی تک یاد وہ ہنگامہٴ ناز آفریں
جس نے تیرے بدسگالوں کی جھکا دی تھی جبیں

جنگ کے میداں میں جھانسی کی رانی دیکھ کر
اور اُس کی تیغِ بُرّاں کی روانی دیکھ کر
خاک میں ملتی جوانوں کی جوانی دیکھ کر
سر پہ منڈلاتی بلائے آسمانی دیکھ کر
لرزہ بر اندام تھا دشمن کا لشکرِ بایقیں

وہ دکھایا تائینتیا نے جنگ جوئی کا کمال
جس سے اُس کے نام نے پائی ہی شہرتِ لازوال
بن گئے اُس شیرِ نر کے سامنے دشمن شغال
حملہ آور اُس پہ ہونے کی نہ تھی اُن کو مجال
نالہ و فریاد کرتے تھے بہ آوازِ حزیں

نانا صاحب نے کچھ ایسا ناک میں دم کر دیا
دشمنوں کی فوج کو مصروفِ ماتم کر دیا
اُن سروں کو جو کبھی جھکتے نہ تھے خم کر دیا

او! اپنا نام بھی مشہورِ عالم کر دیا!
جس کو دُنیا کی کوئی طاقت مٹا سکتی نہیں
اے شہیدو! تم نے رسمِ سرفروشی علم کی
اور رکھ لی آب رُو اپنے وطن کے نام کی
پا گئے دشمن سزا اپنے تخیلاتِ خام کی
جنگِ آزادی سنے صورت دیکھ لی انجام کی
اب غلامی کا نشاں ڈھونڈے نہیں ملتا کہیں

کر دیا متروک رسمِ جور و استبداد کو
کر دیا مغلوب دستِ وبانوُے جلاد کو
کر دیا مسرور تم نے خاطرِ ناشاد کو
بم ہمیشہ یاد رکھیں گے تمھاری یاد کو

گوشہ دل میں جلی آتی ہے جو خلوت گزیں
سب سے پہلی جنگِ آزادی کی برکت آج ہے
شادمانی کا سمندر دل میں پُرلہرا آج ہے
مادرِ ہندوستاں کے سر پہ زریں تاج ہے
آج اپنے گھر میں اپنا حکم اپنا راج ہے

آفریں اے سرو شانِ وطن! صد آفریں!

مہاتما گاندھی

آہ! اے پیغمبرِ سوراج! تو قوم میں نہیں
تیرے اُٹھ جانے سے رونق بزمِ عالم میں نہیں

قوم کا ہر فرد برسی پر تری ماتم میں ہے
چار سو چھائی ہوئی غم کی گھٹا عالم میں ہے

آہ تو ساکت ہوا جا کر عدم آباد میں
اور تیری قوم ہے لے کے چلیں تیری یاد میں

تیرا ثانی ۔ تیرا ہم سر دوسرا کوئی نہ تھا
رہ سپارِ راہِ تسلیم و رضا سا کوئی نہ تھا

دل کی اُمیدیں جو تھیں خواب پریشاں ہو گئیں
سامنے آنکھوں کے جو شکلیں تھیں پنہاں ہو گئیں

کٹ رہی ہے باہمی جھگڑوں میں ساری زندگی
زندگی پر تم ہیں بھاری ۔ ہم پہ بھاری زندگی

راہ جو تو نے دکھائی اُس پہ ہم چلتے رہے
نقشِ پا کو دیکھ کر بھی بیش و کم چلتے رہے

شری کرشن

لے کرشن! بسلے برق پیکر جلوہَ نورِ ازل!
اے سراپا مظہرِ انوارِ مستورِ ازل!

تیرا جلوہ خانہَ دل میں چراغ افروز ہے
ظلمتِ عصیاں کے حق میں وہ فنا آموز ہے

غلغلہ ہر سمت تیرے حُسنِ عالم گیر کا
عکس افگن آئنہ ہر سوّ تری تنویر کا

جنّت ہر گوشِش اندازِ تکلّم ہے ترا
شورشِ انگیز دو عالم اِک تبسّم ہے ترا

صد جنوں افزا ادائیاں ہیں تیرے ہر اندازمیں
زندگی ہنستی ہوئی دیکھی تری سا عجازمیں

تیری "گیت" ہے ترے پیغام کی سرمایہ دار
تیری ہر تقریر ہے الہام کی سرمایہ دار

میں سراسر بے خبر ہوں با خبر کر دے مجھے
واقفِ اسرارِ علم بحر و بر کر دے مجھے

ایک ذرّہ ہوں۔ عطا کر وسعتِ صحرا۔ کرشن!
ایک قطرہ ہوں۔ عطا کر جوششِ دریا۔ کرشن!

گورو گوبند سنگھ

اے کہ تُو ہے ساطِگیں افروز صہبائے حیات
جس سے سرخوش ہے جہان جرعہ پیمائے حیات

صد بقا سامان ہے تیرا گلمستان خموشش
ہیں نوا سنج خموشی مستِ عرفان خموشش

اے گورو گوبند سنگھ! اے کعبہٴ ارباب عشق!
ہے عیاں تیری جبیں سے جلوہٴ فتّاب عشق

قطرہ قطرہ ہے ترے خمُ کا انانیت گداز
تیرے دردِ کشمکش نہیں محتاج مینائے حجاز

اے فروزاں آفتاب آسمان زندگی!
ہے منوّر تجھ سے تیرہ خاکہ دان زندگی

عالمِ امکاں میں ہے بے مثل قربانی تری
یک قلم ہے مدح خواں تاریخ انسانی تری

مثلِ ذرّہ میں بھی تیرے نُور سے معمور ہُوں
ہُوں تقرّب کا تمنائی کہ تجھ سے دُور ہُوں

دُورِ نُورِ شمع سے پروانہ رہ سکتا نہیں
شامِ ماں بے جلوہٴ جانانہ رہ سکتا نہیں

اے بقا فطرت افنا نا آشنا کر دے مجھے
جذب اتنا کر کہ خود مجھ سے جدا کر دے مجھے

گورو نانک

تجلّی بار مہرِ عالَم انوار نانک تھے
فروغِ دیدۂ ہر طالبِ دیدار نانک تھے

مقرب تھے محبِّ ایزد غفّار نانک تھے
حقیقت آشنا و محرمِ اَسرار نانک تھے

پرستارانِ باطل کے دبائے دَب نہیں سکتی
جہاں میں جس حقیقت کے عَلَم بَردار نانک تھے

نہ کیوں گردش میں آتا جامِ وحدت بزمِ کثرت میں
شرابِ ساغرِ توحید سے سرشار نانک تھے

اُنہیں کے دَم سے دُنیا میں ہوا احیاءِ حُرّیت
امام و پیشوائے اُمّتِ احرار نانک تھے

اُجالا نورِ حق کا ہو گیا سارے زمانے میں
کہ باطل کے لیے اِک تیغِ آتش بار نانک تھے

ہمیں منزل رسی مشکل اگر ہوتی تو کیوں ہوتی؟
ہمارے کارواں کے کارواں سالار نانک تھے

نہ کیوں اُن کی جبیں سے جلوۂ نیّر عیاں ہوتا؟
پئے چشمِ تماشا مشرقِ انوار نانک تھے

کمی ہرگز نہ ہو گی جاں نثاری میں ہنرؔ مجھ سے
مرے آقا، مرے مالک، مرے سردار نانک تھے

دریائے راوی

وہ بھی کیا دن تھے نہ تھا جب عقل کا سَودا مجھے

جنّت الفردوس آتی تھی نظر دُنیا مجھے

شاد کامی ـ شاد مانی سے غرض تھی رات دن

کام گاری ـ کام رانی سے غرض تھی رات دن

وقفِ راحت تھے مرے لیل و نہارِ زندگی

لُوٹتا تھا خوب جی بھر کر بہارِ زندگی

سُن کے پریوں کی کہانی آپ کھو جاتا تھا میں

اور کھو جاتا تھا اس حد تک کہ سو جاتا تھا میں

شوق تھا حد سے فزوں موہوم باتوں کا مجھے

یاد ہے اب تک نشانِ منزلِ عنقا مجھے

سنتے ہیں ماں باپ کتنا دُکھ ـ خبر اصلاً نہ تھی

میری پروا تھی اُنہیں ـ اُن کی مجھے پروا نہ تھی

کان تھے نا آشنا رنج و الم کے نام سے

اور دل فارغ تھا خوفِ گردشِ ایام سے

روز راوی پر نہانے کے لیے جاتا تھا میں

ناؤ کاغذ کی چلانے کے لیے جاتا تھا میں

مچھلیوں سے کھیلنا اک شغلِ معصومانہ تھا

مینڈکوں کو چھیڑنا اک فعلِ مجنونانہ تھا

تالیاں فرطِ مسرت سے بجاتا تھا کبھی
طائرانِ خوش نوا کے ساتھ گاتا تھا کبھی

گونجتی تھیں میرے نغموں کی صدائیں کہاں تک
پُر نوار ہوتی تھیں ساحل کی فضائیں دُور تک

تھی وہ کیا شے جو طبیعت میں سرورافزا نہ تھی؟
مجھ کو مطلق احتیاجِ ساغر و صہبا نہ تھی

خواب میں دیکھی نہ تھی مشکل پریشانی کبھی
کلفت افزا تھی نہ یوں فکرِ تن آسانی کبھی

آہ لے راوی! اتجھے بھی وہ زمانہ یاد ہے
میرے ایامِ مسرت کا فسانہ یاد ہے؟

کیا بتاؤں میَں تجھے کیا ہو گئے وہ رات دن
خواب کی وادی میں جا کر سو گئے وہ رات دن

انقلابوں کا مگر تجھ پر اثر ہوتا نہیں
یعنی تبدیلی کا منتر کارگر ہوتا نہیں

تو وُہی ہے اور یہ شفاف پانی ہے وہی
اور اس شفاف پانی کی روانی ہے وہی

بے ہنر ہے ہر بلائے ناگہاں تیرے لئے
زندگانی ہے بہارِ بے خزاں تیرے لئے

بندِ غم سے آہ لے راوی! چھٹڑا لے جائے
ساتھ لے کر تو جہاں چاہے بہا لے جائے

ملکہ نُور جہاں

حُسینانِ جہاں میں تو بہارِ گُل فشاں تو تھی
جہاں افروز تیرا حُسن تھا۔ نُورِ جہاں تو تھی

لبِ راوی ترا ویران مدفن اب بھی باقی ہے
یہ مامن اب بھی باقی ہے۔ یہ مسکن اب بھی باقی ہے

ہُو میں مسدیاں نگر باقی ہیں تیرے سوگ کا اب بھی
لہو روتی ہے عبرت دیکھ کر تیرا مزار اب بھی

مگر وہ دن کہاں جب تو سریرِ آرائے عظمت تھی؟
رعایا اور راعی کے دلوں میں تیری اُلفت تھی

تری عقلِ رسا کا محفلِ گیتی میں چرچا تھا
ترے حُسنِ جہاں آرا کا ہر سُو ذکر ہوتا تھا

اگرچہ مٹ گئی شوکت وہ سارے نورِ جہاں تیری
مگر اب تک ہے مشہورِ خلائق داستاں تیری

ستائش کرتے ہیں تاریخِ عالم کے ورق اب تک
نہیں بھولا زمانے کو ترا نظم و نسق اب تک

ہمارے دل کی گہرائی میں تیری یاد ہے اب بھی
لبِ دعا وی شکستہ مقبرہ آباد ہے اب بھی

اگرچہ آج بھی کل کی طرح آباد ہے دنیا
نظر آتی نہیں لیکن وہ تیری صورتِ زیبا

نہیں آتی شمیم عنبریں زلف پریشاں سے
نہیں شرمندہ ہوتیں بجلیاں اب رُوئے خنداں سے

نہیں اب زمزمہ گوئی بھی دل کے ساز سے پیدا
نہیں اب جاں فزا نغمہ تری آواز سے پیدا

یہی لکھا تھا قسامِ ازل نے تیری قسمت میں
قیامت تک تجھے رہنا پڑے گا کنجِ تربت میں

تری تصویر سے ظاہر ہے اب تک شانِ محبوبی
کہاں تو چھپ گئی؟ کچھ تو بتا اے جانِ محبوبی!

☆ ☆ ☆